READY TO RUN

作者 凱利・史達雷 + T. J. 墨菲
譯者 鄭勝得

跑前十二項系統篩檢矯正，
讓你發揮身體這部神奇機器的全部潛力

跑者身體調校指南

Kelly Starrett with T. J. Murphy
UNLOCKING YOUR POTENTIAL TO RUN NATURALLY

本書獻給我的太太茱麗葉（Juliet）。感謝你總是以看似毫不費力的方式，一次又一次地拯救我的生命。你證明了「進化、創新與創意不需要單打獨鬥」。沒有獵豹，獅子就什麼都不是。

CONTENTS

目錄

序言：釋放內在的跑者：踏出關鍵的第一步──T. J. 墨菲　　7
導論　　19

第一部　第 1 章──終生跑者　　31
　　　　　第 2 章──天生就會跑　　41

第二部　第 3 章──介紹 12 項標準　　49
　　　　　第 4 章──標準 1：雙腳中立　　55
　　　　　第 5 章──標準 2：穿著平底鞋　　69
　　　　　第 6 章──標準 3：柔韌的胸椎　　81
　　　　　第 7 章──標準 4：高效率的深蹲技巧　　89
　　　　　第 8 章──標準 5：髖關節屈曲　　101
　　　　　第 9 章──標準 6：髖關節伸展　　109
　　　　　第 10 章──標準 7：腳踝動作範圍　　119
　　　　　第 11 章──標準 8：暖身與收操　　129
　　　　　第 12 章──標準 9：穿著壓力襪　　137
　　　　　第 13 章──標準 10：消除組織敏感點　　143
　　　　　第 14 章──標準 11：補充水分　　159
　　　　　第 15 章──標準 12：跳躍與著地　　167

第三部　第 16 章──活動度運動介紹　　179
　　　　　第 17 章──各式鬆動術／活動度運動　　203

第四部　第 18 章──解決常見的跑步傷害　　255
　　　　　第 19 章──積極自我保養，提升運動醫學效果　　261

結語：最後的叮嚀　　265
跑步的力量：持續精進自我　　271
參考資料　　275

序言

釋放內在的跑者：
踏出關鍵的第一步

作者：T. J. 墨菲

　　凱利・史達雷博士在動作與力學方面擁有獨特天賦，許多運動員因此受惠，包括 NFL（國家美式足球聯盟）球員、菁英特種部隊、戰鬥機飛行員、舊金山芭蕾舞團舞者、環法自行車手、頂尖 CrossFit 運動員與舉重選手，及各式各樣的跑者。

　　凱利自己的背景也很多元。他曾是美國獨木舟與皮艇團隊成員、兩度參與男子團隊激流泛舟世錦賽。他的興趣十分廣泛，從衝浪、武術到滑板、奧林匹克舉重，甚至在舞池爭霸。

　　從某種程度來說，凱利成為國際知名動作專家的契機，源自於他皮艇生涯的結束。有一次，他在結束一小時艱苦訓練後（先前已累積訓練數千小時），肩頸就像電腦當機一樣。他無法轉動頭部，激流泛舟生涯就此告一段落。

　　自那時起，凱利開始執著於研究動作與力學。只要與凱利相處一段時間，你就會發現他凡事觀察

入微、分析鞭辟入裡，彷彿是用放大 300 倍的鏡頭看待一切。正如他的太太茱麗葉所說，凱利能在病患出現任何症狀前，就察覺到疾病與傷害的存在。他順理成章地成為物理治療博士，之後更在舊金山知名史東診所（Stone Clinic）執業，以創新思維解決病患在運動表現上的各種問題。

有一天，凱利在練習一系列從網路上看到的搏鬥刀棍動作時，偶然發現 CrossFit 這項運動。CrossFit 當時還是一個新興的健身項目，特色是高強度、多樣化的功能性動作。過了不久，他與茱麗葉便開設全球最早的 CrossFit 分店之一，也就是舊金山 CrossFit。在這個如同實驗室一般的 CrossFit 健身房，凱利得以發揮他的物理治療專業與知識，並讓他從指導學員的數千次訓練裡進一步觀察與學習。這激發他產生一種充滿活力的新思維，用於解決關於運動表現的各種疑難雜症。

本書的主題是跑步。更精確來說，內容是關於長跑，但也涉及*所有*運動員跑步時會遇到的問題，包括健身菜鳥與 NFL 角衛（無論比賽或訓練，這些職業運動員都得跑步）等。這本書也適用於 CrossFit 運動員（其中許多人坦言自己「討厭」跑步），以及深陷傷病困擾的資深超馬跑者。

凱利在本書提出的理念與框架，不僅僅是關於如何預防與處理傷害，同時也教導你透過力學、姿勢與活動度調整來解決與傷害相關的問題，這也可以釋放你自己不曾察覺的運動表現潛力。舉例來說，造成膝蓋疼痛的組織受限問題，也可能妨礙了你的力量輸出。透過改善你的姿勢與相關組織的健康，並讓關節恢復正常活動範圍，你或許可以產生更多能量，幫助你跑得更快、更久。

> 透過改善你的姿勢與相關組織的健康，並讓關節恢復正常活動範圍，你或許可以產生更多能量，幫助你跑得更快、更久。

以我個人為例，接受凱利觀點不僅能夠解決某個難纏的傷害，而是困擾我的所有傷病都能迎刃而解。我現在回想起來，其中一個問題與凱利在他職業皮艇選手生涯最後一天的經歷類似。

當時是 2011 年 11 月，我住在紐約市曼哈頓中城一家飯店。距離我參加拉斯維加斯半馬還有五週時間。那天是星期六，按照訓練計畫安排，我必須進行約 7.2 公里的節奏跑，配速目標是心跳維持在每分鐘平均 170~175 下。

我準備在飯店健身房跑步機上完成這次訓練，當時的我完全沒意識到，這次訓練會對於我的運動員與跑者生涯產生多大影響。

我並沒有設定半馬完賽時間，而是希望能全年不間斷地訓練，這是我十多年來未曾達到的目標。這是一項明確的藍領工作任務，就像是卡車司機完成一年份的工作一樣，沒什麼特別的。然而，我彷彿在一條碎石遍布的道路上開著卡車。2011 年展開訓練時，我鼓起勇氣回想前幾年勉強運動的日子。偶爾，我能夠堅持足夠長的時間，順利贏得馬拉松或鐵人三項的完賽 T 恤，但每次都會付出慘痛代價。比賽後的生活，就像是我從卡車擋風玻璃跳了出去，然後被自己的車子輾過。

到了 40 多歲時，我的傷病越來越難控制。我就像電影《屍變》（*The Evil Dead*）裡的角色。劇烈的慢性膝蓋疼痛與反覆發作的背痛，打亂了我所有想一跛一跛繼續維持的跑步目標。訓練中斷不僅造成心情低落，也導致我的體重增加。在跑得最快的時候，我的體重大約是 73~75 公斤。僅僅是一次傷痛復發，體重竟然就飆升至 95 公斤。這也導致我更難打破慢性傷痛循環。

回顧多年來累積的傷害，令我感到十分羞愧。

與許多從事跑步或會跑步的運動者相同：我跑步，是為了呼吸新鮮空氣與放鬆心情。我深受70、80與90多歲的老年人啟發，他們熱愛運動、拒絕在場邊當全職觀眾。我看過一位80歲老人在不到17小時內完成鐵人三項賽事，這包括3.9公里的游泳、180公里自行車騎行與42.2公里的馬拉松跑步。我也曾與一位60歲的德國人在電話裡聊天，這位三鐵選手完賽時間低於10小時。

我每個週末都會在運動場附近遛狗，那裡有一群約60歲的運動員在踢足球。而就在幾天前，我在CrossFit運動會看到介紹100歲選手的影片。

越來越多人（不論年齡或背景）認為，親身參與運動的重要性，不亞於為自己喜愛的大聯盟球星加油。我喜歡觀看精彩的美式足球比賽，但參加本地感恩節跑步活動「火雞賽跑」（Turkey Trot）比起觀看超級盃令我更有成就感（對我來說，完美的超級盃星期天行程是早上跑步、下午看球）。我認為，把自己視為運動員，比擁有任何賽事季票更重要。

多年來，我與許多沙發馬鈴薯聊天，他們的蛻變始於第一次參與三鐵或CrossFit訓練。舉個簡單的例子：後來成為我好友的梅吉亞（Irene Mejia）在開始嘗試CrossFit時，體重高達180公斤。她當時完全無法想像自己能夠運動。她連走路都有點勉強，更別說跑步了。

梅吉亞如今體重幾乎減半。她接受訓練、跑步，並參與CrossFit風格的比賽。正如另一位朋友所說，「運動拯救了她的生命。」

對於許多運動而言，跑得好非常重要。[1] 跑得快、跑得多，且不累積慢性傷害，對於訓練與比賽

---

[1] 但這絕非必然。事實上，我很榮幸地報導過兩位傑出的運動員，分別是貝利（David Bailey）與莫萊達（Carlos Moleda）。貝利是越野摩托車的傳奇人物，但一次跳躍意外導致他的身體癱瘓；莫萊達則是美國海軍海豹部隊成員，他1989年在美國推翻巴拿馬諾瑞嘉（Manuel Noriega）政權的行動中不幸中槍癱瘓。他們在夏威夷鐵人三項比賽身心障礙運動員組別成為對手，造就史上最精彩的對決之一。

至關重要。不論你是為了興趣而跑步、將跑步當成某項運動的訓練項目之一，或跑步就是運動的主要部分，跑步都是（詳見第二章討論）人之所以為人的一部分，特別是喜好踢足球、打籃球、從事田徑或 CrossFit 運動的現代人。對於軍隊急救人員、執法單位與消防員來說，跑步能力（在負重與危急情況下）更攸關能否拯救生命。

順帶一提，休閒長跑正蓬勃發展。2013 年美國跑者調查顯示，多數人跑步是為了保持健康、娛樂消遣與消除壓力。在運動與健身協會（Sport & Fitness Association）歸類為「核心參與者」的 3 千萬名美國跑者裡，許多人將跑步視為是一種冥想方式。但跑步也是一項競技運動：2013 年，美國約 54.1 萬的人完賽馬拉松；美國每年約舉辦 1 千 1 百場全馬賽事。1970 年代的跑步熱潮延續至今：更多女性參與跑步、更多年長跑者加入競賽行列，跑者花在裝備的金額也創下新高。預估未來幾年內，每年光是跑鞋花費就接近 40 億美元。

因此，受傷導致你無法跑步時，你肯定十分痛苦。再次強調，我並不是美國跑者裡的例外。調查與研究顯示，約四分之三的跑者每年至少會遭遇一次與跑步有關的傷害。參加馬拉松訓練的跑者裡，九成在訓練過程中會遭遇某種形式的傷痛折磨。

而且，承受這類過度使用傷害困擾的人，不僅僅是跑者而已。在最近的一次訪問裡，知名運動科學家、跑步兼人體動作專家羅曼諾夫（Nicholas Romanov）博士告訴我，來自足球界的數據同樣令人擔憂。他表示「球員耗費大量時間磨練足球技巧，對於跑步技巧卻毫不重視」。他接著告訴我，分析足球運動員後，他發現很少人可以跑得好。跑步不

被重視，傷害隨之而來並帶來嚴重後果。

羅曼諾夫對於菁英 CrossFit 運動員的看法也相同。儘管這項運動非常強調奧舉與體操技巧，但他認為 CrossFitter 運動員幾乎都不能以良好的動作形式跑步。「他們擁有跑得好所需的一切力量，但他們根本不在乎跑步姿勢與力學」，他如此說道。他補充表示，就是因為這種輕忽的態度，導致即便是最強大的運動員，在間歇訓練或長跑時也可能受傷。

2011 年，我處於崩潰邊緣。我決定無視任何傷痛或受傷徵兆，不斷地硬撐下去。我從事伸展運動與核心訓練，並開始執行純素飲食（我能想到最嚴格的飲食方式）。我花數百美元添購動作控制鞋與高級鞋墊。若真的受傷時，我會改成在跑步機上完成訓練，心想這樣做可以減少衝擊。

我那時之所以在紐約旅館的跑步機上跑步，就是因為如此。前一天，我在市區走路時，右膝蓋開始抗議，無法支撐我的重量。即便我有多年跑步傷病的經驗，還是不知道該如何因應這個奇怪的膝蓋問題。我每走三、四步就會軟腳，膝關節就像是鉸鏈，而有人偷偷拔走了插銷。

這個問題非常嚴重。每次我膝蓋無力時，路人都會投以關切目光。

我祈禱這僅是一時的差錯，會像噩夢一樣消失，但問題始終存在。我膝蓋的狀況日益惡化。那天晚上，我在藥妝商店買了護膝、冰袋與大瓶安舒疼（Advil）止痛藥，總共花費 70 美元。我將旅館房間改造成臨時醫療帳篷。

隔天，我用繃帶纏住膝蓋患部，然後套上我買的護膝，準備進行節奏跑。我吞了幾顆安舒疼，抗發炎的化學成分開始發揮效果。

我壓抑了所有理智的判斷,發現只要我集中注意力、讓腳以某個角度著地,就能防止膝蓋塌陷。這個策略效果不錯,讓我順利完成節奏跑。運動結束後,我冰敷膝蓋,感到無比舒緩。

從凱利學到的知識,令現在的我了解到:那次跑步機訓練是一連串錯誤決策的結果,導致我付出慘痛的代價。2011 年,我無法再跑步。我諮詢多位運動醫學醫師,並嘗試各種按摩療法與抗發炎藥物,但右腿持續罷工。深植於大腦裡,某種來自演化智慧的內在機制要求我停下腳步,並告訴我:「你對於右腿的指導與使用權限已被取消,請等待進一步通知」。我完成全年持續訓練的目標徹底泡湯。

這幾年來,我反省了 2011 年最後幾個月那段失心瘋的時期。當時我認為做為跑者,受傷是無可避免的。選對跑鞋就可以避免受傷,但傷害若無法避免,就只能盡力撐過去。受傷是跑者的敵人,而心智必須戰勝身體。

我從未意識到,這種否認到底的態度與依賴非處方藥物的作法可能是錯誤的。我也沒想過,這些傷害顯現的是我身體結構與跑步方式的弱點。如果深入探究每一次受傷的根本原因,就能發現其中的缺陷或弱點。能夠調整的話,不僅能無痛跑步,也可以提升運動表現。我的速度可以更快、耐力更強,且能用更少能量完成比賽並突破個人紀錄。

我非常幸運,能與 CrossFit Endurance 訓練計畫創辦人、超馬跑者布萊恩・麥肯錫（Brian Mackenzie）聊天,他讓我敞開心胸、接受新思維,重新思考跑步、成為跑者與受傷的意義。我若堅持原本的想法,像 2011 年那樣硬撐一年,2012 年可能的下場是必須置換膝關節或髖關節,或者跟腱必須開刀。

麥肯錫傳授的方法非常創新，整合跑步技巧、肌力與體能，以及營養，打造出我從未想像過的跑步世界（低跑量、提升運動表現並降低受傷風險）。隨著我對傳統長跑訓練方法的信念逐漸崩塌，我開始傾聽麥肯錫的意見。考慮到我受傷的嚴重程度與範圍之廣，他對我說的第一句話是：「你需要找凱利・史達雷幫忙」。

幾週後，我與凱利（物理治療博士）碰面，並展開新的旅程。我的膝蓋（每走幾步就會軟腳，已持續數週）很快找回穩定狀態。從遇到他的那天起，我不再跛行。我也開啟了一段旅程，讓我能夠重拾跑步熱情、感覺自己無堅不摧。他傳授給我與無數其他跑者（透過 MobilityWOD 網站。譯按：已轉型為 The Ready State 網站）的理念、方法與技巧，經過千錘百煉、去蕪存菁後，成為你現在手中這本書的內容。

這令我得以恢復運動員生活。

但我的看法是，在跑步的領域裡，新一代領袖正在崛起，像是史達雷、麥肯錫、羅曼諾夫、足科醫生坎皮泰利（Nick Campitelli）與《天生就會跑》（*Born to Run*）作者麥杜格（Christopher McDougall）等人。他們傳達的訊息終於被大家認可，同時也推動跑步進入新的時代。這些訊息不僅僅是一系列的訓練計劃理念與技巧，它們的影響更廣泛且更有說服力。

以凱利來說，他所抱持的核心信念，也就是你登入 MobilityWOD.com 網站（他與妻子朱麗葉共同創立）時看到的第一句話：

「所有人都應該能對自己的身體進行基礎保養。」

他表示，或許我們覺得自己沒有選擇，但並非如此。如果你喜歡跑步、討厭受傷，那你可以把主動權掌握在自己手上，從根本防止慢性傷害發生。

如果你連開始想像自己是一名跑者都做不到呢？跑步對你來說似乎遙不可及，或是充滿疼痛；抑或是你天生扁平足或膝蓋不好，就以為跑步是別人的事情，自己不適合。無論是跑步 10 公里，或是 CrossFit 訓練的 400 公尺重複跑，你在某個時刻被告知或自己認定：跑步對你的身體傷害太大了。

要擺脫這種思維，首先要理解「所有人都應該能對自己的身體進行基礎保養」。這不是靈丹妙藥，而是一條思考與行動的道路，幫助你通往「釋放內在運動員潛力」的目的地。

這非常簡單，但並不容易做到。首先，你必須拋棄的信念是：唯一要做（或**能夠**做）的事情是刷卡付錢給物理治療師、足科醫生或跑鞋店員，然後期待這些人會幫你解決問題。想準備好跑步，你必須十分專注與努力。

根本不存在神奇療法。事實上，關於極簡鞋與傳統跑鞋孰優孰劣的爭論，顯露的是這問題問錯了。在跑步受傷方面，大家心裡明白卻不願承認的是：鞋子並不是解決方案。數十年來，跑鞋科技不斷進步，卻未能降低跑者受傷機率。

無論是極簡鞋或 450 公克的動作控制鞋，鞋子本身都無法治療你的傷害。其他裝置也一樣，包括矯正鞋墊、肌肉電流刺激、超音波治療、足跟墊、護膝等。即便是動輒要價數千美元的運動醫學產業，也不一定能解決你的問題。真正的關鍵是，你我對跑者生活採取的態度，亦即堅信我們有責任像頂尖技師一樣照顧身體這部跑步機器。

正如麥杜格回應《天生就會跑》的書評所說：有些人讀了這本書後，急忙去買一雙極簡跑鞋，期待自己立刻變成赤足跑者，結果幾天或幾週後便受傷，他們搞錯重點了。你確實可以恢復天生擁有的跑步能力，但必須付出努力。你必須做對的事情、保持耐心並持之以恆。如果你試圖尋找萬能的跑鞋或介入方法，注定會陷入受傷循環，最終真的造成傷害。

對於想要跑得好、想要直到生命終點都能跑的人，這正是本書提供的挑戰與承諾（必須努力以恢復跑步能力）。你天生就會跑步。儘管現代生活、跑步姿勢不良、肌肉失衡，以及「即便受傷也要苦撐跑步」的頑固信念（如同坦克輾過樹苗田地一般，我特別受此信念所害）可能令你受挫，但你依然可以按下重新設定的按鈕。這一切從承擔責任開始，擬定行動計畫並保持耐心，徹底執行並持之以恆。

史達雷的思維與方法可以發揮橋樑的功能。如果你想釋放自己與生俱來的所有力量與耐力潛能，《跑者身體調校指南》將幫助你達成目標。

導論

跑者典型的一天

你是全力以赴的跑者,每天的生活就像這樣:

睡了 6 或 7 小時後,鬧鐘在凌晨 4 點半響起。天還沒亮、天氣寒冷,今天星期三。地球正迅速自轉。你接下來要處理很多事情,包括叫 8 歲的女兒起床,幫她穿衣服、準備早餐、整理背包(確認作業與午餐便當盒有放進去),以及將她安全地送到小學。你還要抽空最後一次複習報告的投影片,報告將在 9 點登場,別忘了要預留 40 分鐘通勤時間。

但在此之前,你想先擠出時間完成每天的跑步。若不是趁現在天還沒亮去跑,今天就跑不成了。儘管你的身體還在痠痛或深受疼痛困擾,但晨跑這項任務,你已經下定決心要完成。一涉及這項任務,沒有討價還價的空間。

因此你在 4 點半醒來,外面天色還是暗的,冰冷的雨斜斜落下。你從床上起身,穿上一雙有足弓支撐的夾腳拖,以防鞋子對經常不舒服的足弓施加不當壓力。

你穿上防水外套,大口喝下美式咖啡,然後出

門去。你才剛跑 2.5 公里，老毛病又開始發作，包括右膝蓋骨下方輕微疼痛、右跟骨腫脹，左髖關節窩深處隱隱作痛。你已經花了大筆金錢並採取各種方式減輕這些疼痛，包括在要價 150 美元的動作控制鞋裡放入矯正鞋墊，以及在膝蓋下方纏繞以氯丁橡膠及橡皮製成的加壓帶。後者號稱可以不讓肌腱炎、軟骨磨損或髕骨軟骨軟化症導致你訓練中斷！

疼痛逐漸減輕，於是你跑完剩下的里程。如果能擠出一分鐘時間，你會把腳放在公園長椅上，試著用手觸碰腳趾，並花 20 秒做你認為有效的大腿後側肌群伸展動作。你準時回到家，並展開接下來的早晨行程。為了參加比賽，你安排每週跑 70 公里，目前已累積 8 公里。一切都在規劃中。

報告結束後，你回到辦公室，坐在電腦前開始工作。你在西裝鞋裡塞進一雙新的足弓支撐墊（腳跟高出幾公釐），試圖減輕跟腱疼痛。這導致你走路時雙腳外八並往內塌陷，膝蓋則以一種微妙但會逐漸退化的方式配合，讓你目前不佳的著地模式變成固定習慣（此模式會不斷磨損膝蓋附近的軟組織）。顯然足弓支撐墊無法達到你預期的效果。你的背部也有問題——你曾考慮購買某種護腰靠墊放在辦公椅上，以緩解隨時可能發作的坐骨神經痛。這種疼痛已蔓延至你的髖部，嚴重的話可能導致無法跑步。你的桌子抽屜裡有一罐藥瓶裝著近 100 顆軟膠囊，每顆膠囊內含 200 毫克布洛芬。

讓我們花點時間欣賞你的努力。你或許不是奧運選手，但像這樣日復一日的堅持，不就是奧運選手的拼勁與精神嗎？

唯一會讓你放慢速度或停下腳步的，就是受傷。如果你與近八成的跑者一樣，那麼，一年內總

有某個時候會因受傷而被迫停止跑步。若你跑步時以腳跟著地（而非腳尖或中足著地），受傷機率會更高。這可能導致你無法跑步，只能改穿運動腰帶在水中慢跑，或是改騎室內健身腳踏車。

我要表達的重點是：人體是一台驚人且適應力極強的生存機器，幾乎可以用無敵來形容，天生就能承受數百萬次的負荷循環（duty cycle）*磨損。前面的例子顯示：人體能夠承受大量損傷，直到最終出現迫使你停止跑步的傷害。

這樣的日常行程只會加劇每天跑步造成的磨損。組織脫水的狀態就像牛肉乾，且暖身時間不足。跑鞋導致你以腳跟著地，身體承受更多剪力與衝擊壓力，就像拉著手煞車開法拉利一樣。

但如果我告訴你，其實有另一套方法呢？這一套例行活動需要驚人的紀律與內在渴望，若你能將部分精力用於建立幾個簡單的新習慣，將帶來兩種結果：

・提升運動表現
・降低受傷風險

在本書裡，我希望你採取新思維，來看待身體各組織與結構發出的訊號。若你發現自己嘗試以常見的干預方法來掩蓋慢性傷害與疼痛，例如更換鞋子與鞋墊、冰敷或服用布洛芬等，我建議你重新解讀身體傳遞的訊號（無論是足弓或背部疼痛、大腿後側肌群隱隱作痛，或膝蓋下方的劇痛）。每一個訊號都是線索，讓你知道如何提升表現。若你能解決根本問題，不僅能消除疼痛、預防受傷，還能提升速度、力量或運動效率，甚至三項指標都能改善。

> 人體是一台驚人且適應力極強的生存機器、幾乎可以用無敵來形容，天生能承受數百萬次的負荷循環磨損。

*編注：作者使用「負荷循環」一詞，描述人體組織承受耗損的能力單位。若動作做得好，移動或維持長久姿勢時，只消耗一個負荷循環，否則消耗數個負荷循環。

更好的一天

讓我們換個角度,重新思考如何以更好的方式安排早晨行程。

你4點半起床,除了喝一杯咖啡(或乾脆不喝)外,你也喝下約480毫升的水,並在水中加入電解質補充劑。你一如既往地在家中赤腳行走。除了補水／飲用電解質溶液,協助恢復睡覺時流失的水分外,你也做一些簡單的活動度運動,以打開髖關節伸展範圍與恢復跟腱附近滑動面的功能。

如果訓練計劃包括跑步或需要跑步的運動,你不會再穿那種設計過度的動作控制鞋(這類鞋子會縮短跟腱,如同在雙腳打上石膏),而是換成零落差的平底跑鞋(這可以讓你的腳發揮天生功能)。

在跑步訓練開頭,你將執行 CrossFit Endurance 風格的暖身,結合 100 公尺跑步、動態動作、100 公尺慢跑,以啟動訓練時會用到的肌肉與結締組織,並讓它們熱起來。接著,在充分暖身與組織溫度升高、血液循環提升後,你才開始今天的跑步訓練(或 CrossFit 訓練、籃球訓練等包含跑步的運動項目)。

在跑步訓練的結尾,你將進行簡單的收操,像是走路 5 分鐘。這有助於淋巴系統(肌肉與結締組織附近的組織間液)移除訓練期間產生的廢物。

然後,回到辦公室後,你盡量減少坐著的時間,以避免淋巴系統循環不良或支撐中立脊椎姿勢的肌肉變短。站立與行走時,你會注意雙腳的姿勢,確保腳掌伸直朝前,臀部與核心肌肉稍微出力,好讓骨盆與脊椎維持在中立位置。當你不得不坐下時,也要特別注意維持中立姿勢。你還養成每隔一或兩

小時做一下活動度運動的習慣，以改善足部與脊椎姿勢，並處理動作控制不佳與活動範圍受限區域（這會影響運動表現並增加受傷機率）的上下游部位。你的飲食營養均衡，並攝取含電解質的液體。你工作時也穿上壓力襪以促進循環，讓淋巴系統能更快地輸送養分與排除廢物。

　　你也把安舒疼丟到垃圾桶裡。取而代之的是，你在抽屜裡放一條自行車內胎，讓你可以使用巫毒推拉帶擠壓法來消除發炎。

　　到了晚上，你會花 10 分鐘找出身體發出的警告訊號。你不再把這些警訊當成火災，急著要撲滅，而是有待解決的問題、提升運動表現的契機。這不僅是稍微伸展身體，更重要的是：在解決運動功能障礙方面，你的視野已經擴大，不再局限於做一些簡單、無效的大腿後側肌群伸展。相反地，你清楚地知道：首要任務是解決活動範圍受限與動作模式不佳的問題，而任何動作控制與活動範圍的弱點都給了你提升跑步表現的機會。

沒有萬靈丹

　　這並不是一本關於伸展的書。本書是為了追求終生的健康與表現的 F1 跑者所寫。所有人應該都可以且願意對自己的身體進行基礎保養。運動醫學有其效用，但你有權利及義務了解自己身體發生什麼事情，盡可能靠自己照顧好身體，並激發你的表現潛力。

　　這對應到本書的「核心目的」。跑步是你運動生活的一部分。但跑步界存在一個致命的缺陷，原因與跑者普遍使用的決策流程有關。

你是否遇過這些問題、產生這些想法，並採取以下的行動？

1. 你出門跑步。
2. 跑步後，你發現自己的老毛病又犯了。你的膝蓋、腳踝、髖部與背部出現劇烈疼痛。
3. 你冰敷並伸展，但根本沒用，疼痛並沒有消失。
4. 隔天，你希望一切只是場噩夢，你綁好鞋帶出門，準備慢跑 6 公里測試一下。
5. 第一公里很痛。你虔誠地向跑步之神祈禱，快點讓噩夢消失。你在一棵樹旁邊停下來，嘗試伸展以緩解疼痛，然後繼續跑步。
6. 跑了一半，你要不是決定走路回去，就是苦撐跑完（但跛行時越來越痛）。
7. 在走回去的路上，你心想「我需要一雙新鞋」。這可能意味著：選擇一款不同的鞋型，或是換掉已磨損的舊鞋。你希望去鞋店後，問題會隨著刷卡消失。

這種思維是致命的錯誤：問題不在於鞋子。從來不是，也永遠不會是。

在預防受傷方面，鞋子就像汽車的保險桿，提供了一層外在保護。但想預防不良力學引起的慢性內因性傷害，鞋子並不是重點。

這種錯誤思維可能源於萬靈丹的想法。你有一個問題急需解決，如果能走進商店，簡單刷一下卡，問題就能迎刃而解，那該有多好。許多人也抱著相同期待向運動醫學診所與按摩治療師求助。雖然這些服務確實能對運動生活帶來極大幫助，但優秀的物理治療師會坦白告訴你殘酷的現實：解決方案不

能僅靠鞋子與矯正鞋墊。問題並不是鞋子。

那問題的關鍵是什麼呢？請記住：你擁有力量，能做出真正與長久的改變，這既能幫助預防傷害，也能釋放表現潛力。

鞋子並不是重點，你才是。

準備好跑步

準備好跑步是什麼意思？無論你是典型跑者（本章最前面描述的那種類型）、你的運動有一部分是跑步，或你是職業運動員，我希望你能學習並應用一套系統性檢查。這可以幫助你了解自己的身體與生活方式是否已經調整好，足以應對跑步帶來的各種壓力。達到本書第二部列出的所有標準，或至少盡可能將狀況調整到接近標準，能夠讓你有信心，確信自己能夠最大程度地提升表現，同時將受傷風險降至最低。這些標準和穿什麼樣的鞋子、身體準備程度、保持良好姿勢的能力、是否確實暖身與收操，以及生活習慣好壞（足以影響整體健康與身體狀況）有關。

準備好跑步，意味著你具備這些有利條件：

- 你已養成每天喝超過 3,000 毫升電解質水的習慣，從而確保組織健康且水分充足。
- 你的髖關節伸展範圍正常。這是提升髖部功能的關鍵，能讓你產生更大力量、表現更佳，並改善肌肉骨骼系統的力學運作。
- 你沒有任何組織敏感點，因為你十分注意身體保養，面對跑步時出現的局部與反覆傷痛不再硬撐，反而將之視為需要改善姿勢、力學與組織健

康的訊號。

　　好處還有很多,本書總共有 12 項標準。我的首要任務是詳細解釋每一項標準,包括內容是什麼與為何重要。之後,我將討論如何提升你在這些標準的表現,並介紹一系列的活動度訓練。若你能持續執行這些活動度訓練,將會看到正面的改變,並幫助你做好跑步的最佳準備。

PART 1

Have you ever asked your physician what to do about an irritating knee or foot problem and received the following two-word prescription: "Stop running"?

Or maybe you're a longtime distance runner who's collected a shoebox full of marathon finisher medals, and you've become so mired in chronic injuries that you're thinking it's time to take up cycling. Or you're convinced that you just weren't born to be a runner. I used to think this way. As a teen, I was an all-around athlete, but the farthest I could run without my knee hurting was 100 yards. I was convinced that I was born to do many things, but running was not one of them. Does that sound familiar? Maybe you think you don't have the right feet, or your knees are shot, or you just don't have the right body for running. So you've avoided running (to the best of your ability) as either a sport or a training mode. For example, you're a CrossFitter who can deadlift 500 pounds easily, but when a workout calls for hard intervals, you brace yourself for a spirit-breaking day or avoid the session altogether.

In the process of becoming a coach and a physical therapist and developing an obsession with the physics of movement, position, and mechanics, I realized that we are all designed to be lifelong runners. We may have to put in some work to reset ourselves, but the path is clear.

In my case, at 230 pounds, I was able to run the Quad Dipsea ultramarathon in a pair of 5-ounce flat shoes. How? It starts with unlearning some things. This is the first step in being Ready to Run.

第一部

你是否曾詢問醫生如何解決惱人的膝蓋或足部問題,卻得到簡單的一句話回應:「停止跑步」?

或者,你是經驗豐富的長跑選手,收集了一整個鞋盒的馬拉松完賽獎牌,卻因慢性傷害而考慮改騎自行車。又或者,你認為自己天生就不是跑步的料。我以前也這麼想。我青少年時是全能型運動員,但最多僅能跑 100 碼(91 公尺),超過這個距離膝蓋就會開始疼痛。我相信自己天生適合做很多運動,跑步是唯一例外。這聽起來是否非常熟悉?或許你覺得自己的腳型不對、膝蓋已經受傷,或身體條件不適合跑步。因此,你盡可能地避免跑步(不論是作為運動或訓練方式)。舉例來說,你是能輕鬆硬舉 230 公斤的 CrossFit 運動員,但課表輪到高強度間歇跑時,你不是準備好迎接令人崩潰的訓練日,就是乾脆跳過這項訓練。

在成為教練與物理治療師的過程中,我也著迷於研究動作、姿勢與力學的物理原理,我發現所有人天生就具備成為終生跑者的能力。我們或許需要付出一些努力來重新調整自己,但前進的道路非常明確。

以我自己為例,我體重 104 公斤時,依然可以穿著約 142 公克的平底鞋完成 Quad Dipsea 超馬賽事。我是如何做到的呢?答案是從打破既有觀念開始。這是為跑步做好準備的第一步。

第一章

終生跑者

你希望發揮身體潛能，達到自己天生能夠完成的跑量嗎？

讓我們從運動最高殿堂奧運馬拉松談起，與首位衝過終點線或打破世界紀錄的運動員相比，以下畫面更令人印象深刻。1968 年，坦尚尼亞選手阿克瓦里（John Stephen Akhwari）一拐一拐地進入奧林匹克體育場時，他的右膝纏著運動膠帶。阿克瓦里是最後一名完賽者，比冠軍晚了一小時。這個心智戰勝身體、不計一切代價完成比賽的場景，令一名記者感動地表示：「此表現為勇氣一詞賦予新的意義。」

同樣的，在 1984 年奧運會上，瑞士跑者安德森－施基斯（Gabriela Andersen-Schiess）比金牌得主班諾特（Joan Benoit）晚了 20 分鐘進入奧運場館。羅維特在他的著作《奧運馬拉松》生動地描繪了這一幕：

> 當她搖搖晃晃地踏上跑道時，觀眾驚訝地倒抽一口氣，她的身軀扭曲變形、左臂癱軟，右腿僵直痙攣。醫療人員趕來幫忙，

但她揮手拒絕，因為她知道，一旦他們碰到她，她就會被取消資格。洛杉磯紀念體育場（L.A. Coliseum）全場觀眾為她最後 400 公尺鼓掌加油，她一瘸一拐地繞著跑道行走，有時停下來抱住頭部。[2]

羅維特沒提到的是，安德森-施基斯的膝蓋嚴重外翻，每一次觸地都往內塌陷，*軟組織摩擦到快要冒出火花。她如此辛苦硬撐，僅得到第 37 名。

滿場觀眾的歡呼聲震耳欲聾，安德森－施基斯（儘管她的身體快撐不住了）努力擠出一絲力氣，以將手指塞進耳朵。

筋疲力盡的跑者不惜付出任何身體代價，都要完成艱難耐力賽的畫面，已成為馬拉松世界的一部分精神象徵。即便他們軀幹扭曲、動作走樣、跛腳前進，甚至組織系統脫水受損，依然揮手拒絕幫助，並衝過終點線，成為當天的英雄。

奧運的意義無需多言，關於運動員為奧運所做的犧牲有許多故事可以說，但這種「完成任務」的心態逐漸擴散至跑步界，實在令人擔憂，或至少值得討論。2013 年，美國有 54 萬 1 千人完成馬拉松賽事。[3] 若 4 小時完賽者領完獎牌後，你花一個小時在終點線觀察，就會發現有些人靠著奇怪的力學姿勢、跛行、護具與運動貼布勉強跨越終點線。

擁有勇氣很棒，我全力支持。但當勇氣被用於強迫未做好準備或受損的身體完成馬拉松所需的 3 萬 3 千步時，我們應該誠實面對後果。

跑者完成任務的心態令人敬佩，但這也可能成為他們的致命傷。

2　Charlie Lovett, *The Olympic Marathon: A Centennial History of the Games' Most Storied Race* (Westport, CT: Praeger Publishers, 1997).

＊編注：「外翻」（valgus），解剖學名詞，指關節的遠端骨骼朝向身體中軸線的外側。以膝關節而言，遠端骨骼為脛骨（小腿骨）；故「膝外翻」，指脛骨相對於膝關節，朝向中軸線外側，因此即外觀上的「膝蓋內夾／內塌」。

3　Running USA Annual Marathon Report, 2014.

身體耐用 110 年

試著想像一下，美國職業棒球大聯盟球員的生活。比方說一名投手好了，他的快速直球時速可達 153 公里。正如美國體育作家維爾達奇在《運動畫刊》裡寫道：

在比賽開始前，走進任何一支大聯盟球隊的休息室，你都會看到各種肌力與體能教練、推拿師、按摩治療師、醫生、冰浴盆、水療池、熱水與冷水池、重訓室、健身房……，以及受傷的投手。[4]

如果你是一年出賽 35 場的先發投手，並在大聯盟長期出賽（投手職涯通常不長），那你的肩膀與手肘可能會嚴重受傷數十次。假設你在 30 歲時就退役，不斷重複的高強度動作，此時已讓某些部位嚴重損耗。

若你每年賺至少一千萬美元，如此經歷或許相當值得。你將手臂奉獻給棒球，並獲得豐厚報酬。

但如果你是跑者呢？這才是我要你思考的問題。以下有三種拖累運動表現的問題。如果你出現其中任何一種（三者通常一起出現），那你的腳每次觸地，都會加速關節與軟組織損耗。

- 姿勢不佳
- 動作範圍受限
- 習慣性動作模式不佳

雖然你的身體天生耐用 110 年，但如果過度操

[4] Tom Verducci, "With More Closers Breaking Down, It's Time to Rethink the Modern Bullpen," *Sports Illustrated*, April 17, 2012.

以鬆動取代伸展

對於緊繃的肌肉來說，隨便伸展兩分鐘帶來的危害勝過好處。試想一下，如果你抓住最喜愛的T恤兩端，用力拉長並維持不動一段時間，會發生什麼事。結果就是，衣服會變得鬆垮、失去彈性。請把這個畫面套用到你的肌肉組織。如果你在拉長與伸展肌肉後劇烈跑步，你覺得你擁有足夠的肌力、體能與特定協調能力來支持這個變化嗎？而這個因素的改變又會如何影響跑步這個複雜的生理過程？這就像是在賭博。從現在開始，請將隨意伸展肌肉至動作範圍末端的方法從課表裡刪除，改成用鬆動術改善整體動作範圍（重點放在關節與關節窩的相對位置、組織與滑動面健康與動作模式品質等）。這種鬆動術廣泛應用於本書所有計畫裡。

我非常讚賞勇敢、努力與完成目標。但是在充分發揮身體跑步潛能方面，我們應該以不同的角度討論。

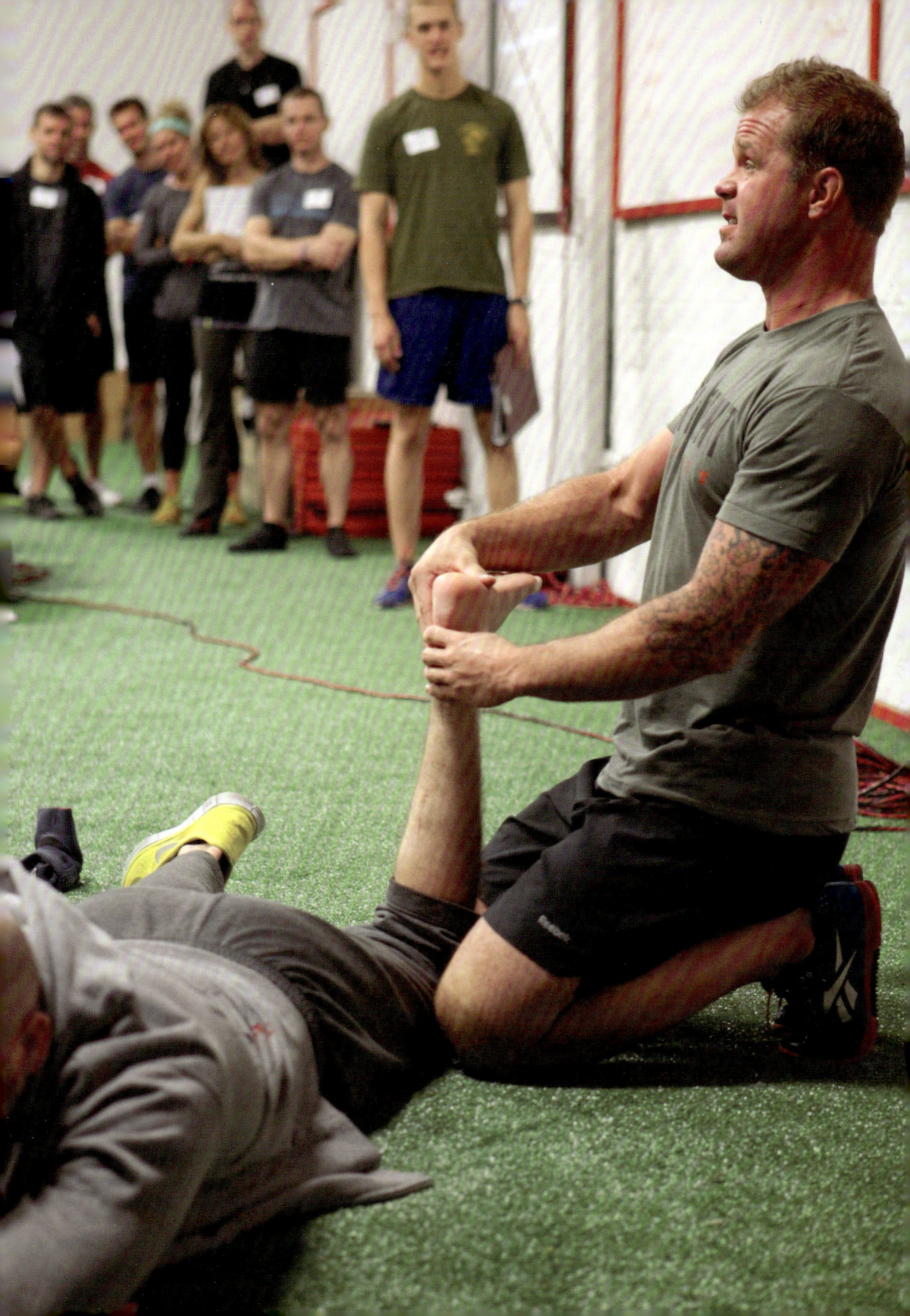

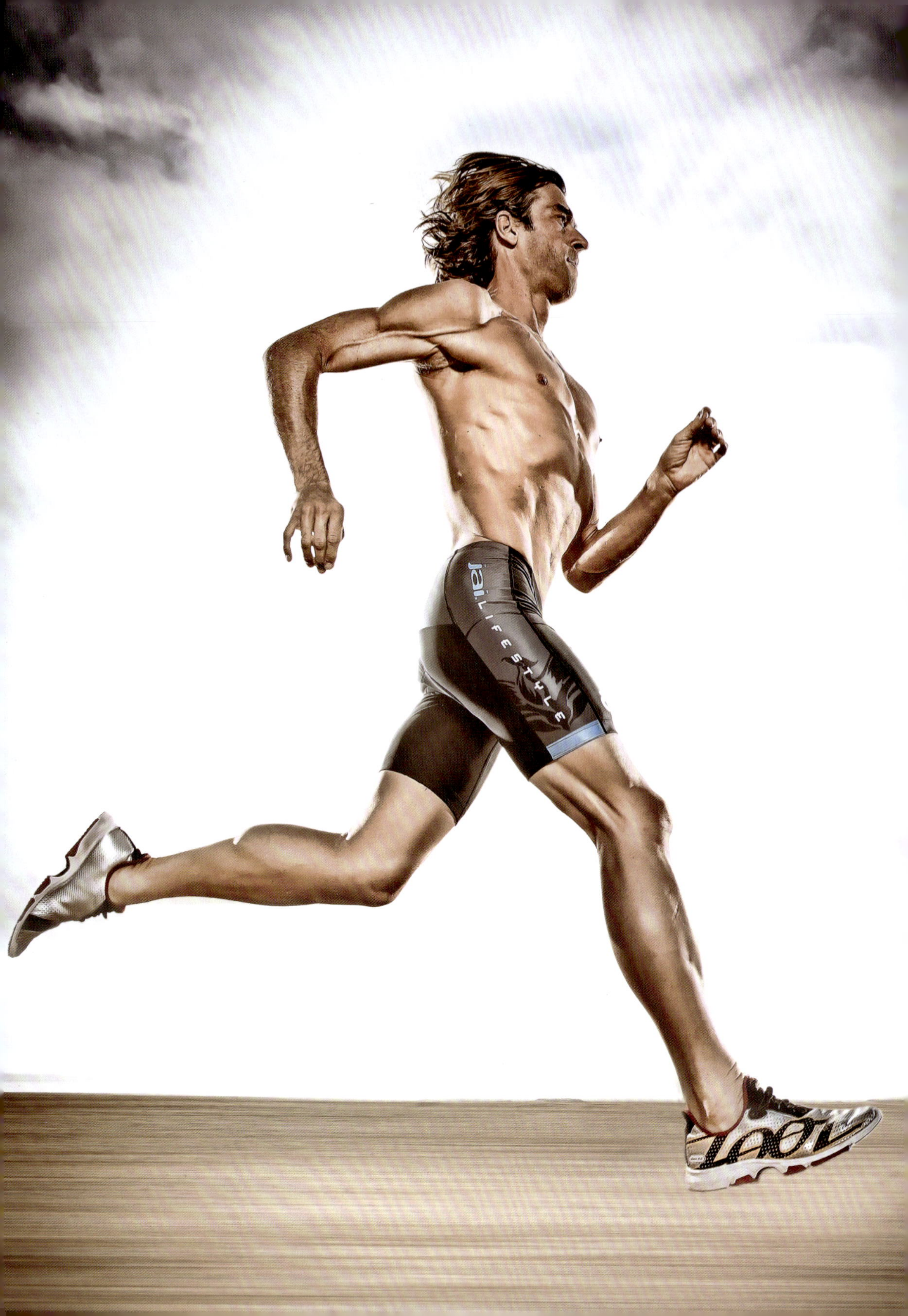
jai.LIFESTYLE

第二章
天生就會跑

你參加跑步競賽、進行代謝體能訓練的間歇跑，或是運動期間或在戰場殺敵時奔跑。或者也許你渴望在這些場合跑步，但覺得自己能力不足。

事實上，你天生就具備跑步的能力。身體的設計與運作機制，讓你能像戰士、獵人和採集者那樣奔跑。

你可能認為自己不會跑步或跑得不好，但若反向分析自己的身體構造，便可得出唯一結論：就像魔鬼終結者是為執行殺戮任務而設計，人類生來就會跑步。正如同麥杜格在他的著作《天生就會跑》裡描述我們祖先那樣：跑步是我們與生俱來的能力，攸關生命存續。

跑步是我們繁衍後代與擴展足跡的方式。你透過奔跑來取得食物並避免淪為獵物；你透過跑步來找尋伴侶並打動她，然後與她一同奔向新生活。你必須熱愛跑步，否則無法活著熱愛其他事物。[5]

5　Christopher McDougall, *Born to Run* (New York: Random House, 2011).【《天生就會跑》，王亦穹譯，木馬，2024。】

跑最快的才能存活

兩百萬年前,你知道你的祖先身在何處嗎?

在更新世初期,人類每天都面臨艱難的生存挑戰。當時獅子、老虎、犀牛與獵豹隨處可見,而人類要到約 140 萬年後才想到將尖石綁在木棍上製成長矛。為了獲得更豐盛的食物(而不是一把草),人類必須在夜晚保持清醒,並安靜地聽著老虎撕裂獵物。天剛亮時,他們會跑到現場撿拾殘餘食物。如果被重達 272 公斤、幾秒內能從零加速至時速 56 公里的老虎發現,他們會立刻拔腿狂奔。幸運的話,他們可能隨身攜帶木棒,但也可能沒帶。無論如何,跑步通常是最佳解決方案。

別懷疑,你天生就做好跑步的準備。

除了撿拾獅子與老虎吃剩的食物外,人類也會狩獵。哈佛古人類學家李伯曼(Daniel Lieberman)與他的同事認為,早期人類(最好的武器是尖銳的棍棒)不得不利用生理上的少許優勢來狩獵牛羚等野獸。這些動物靠喘氣散熱,你的祖先則可以排汗降溫。因此,即便牛羚短時間衝刺能力高於早期人類,最後還是會輸給這些獵人,因為牠們在酷熱的白天無法連續奔跑數小時。擁有汗腺的狩獵採集者會在大太陽下展開追逐,絕不讓獵物有機會在樹蔭休息片刻。最終,在直立人(*Homo erectus*,擅於長跑)不斷追逐的壓力下,牛羚、斑馬或羚羊等動物筋疲力盡地倒下,而這種追捕獵物方式稱為「耐力狩獵」。[6]

---

[6] Daniel E. Lieberman, *The Story of the Human Body: Evolution, Health, and Disease* (New York: Vintage, 2013).【《從叢林到文明,人類身體的演化和疾病的產生》,郭騰傑譯,商周出版,2022。】

你的跑步利器

人類不僅擁有桃子絨毛般的汗毛與優越的耐熱機制,在跑步能力方面,我們還具備其他哺乳動物無法匹敵的許多優勢。因此,下次你聽到有人說,「我不可能跑馬拉松,我連繞著街口跑都做不到!」或是在健身房遇到耐力驚人、不怕痛的 CrossFit 運動員大喊「我討厭跑步」時,你可以用這些演化小知識回應:

- **你有彈簧般的結構**。當你走路時,雙腳、雙腿與身體以一種類似鐘擺的方式移動。但一旦你開始跑步,所有與生俱來的神奇機械會全面啟動,換言之,你的髖部、膝蓋、腳踝、足部與肌肉及結締組織共同合作,利用重力與彈力,以驚人的效率推動你彈跳前進。李伯曼在他的著作《從叢林到文明》裡寫道:「事實上,雙腿在跑步時儲存與釋放能量的效率極高,在耐力速度的範圍內,跑步消耗的能量僅比走路多 30~50%。」「不僅如此,這些彈簧般的結構效果絕佳,甚至讓耐力跑步(不包括衝刺)的能量消耗不受速度影響。無論速度是每公里 4 分鐘,還是每公里 6 分鐘,跑完 8 公里所消耗的卡路里都差不多。」

- **你有穩定且富有彈性的足弓**。你的雙腳是精密的機器,不僅為跑步而設計,還適合快速奔跑,以及像美式足球明星半衛那樣迅速、靈活地改變方向。這一切都歸功於足弓,研究人員指出,足弓那彈簧般回彈能量的機制有助於降低跑步能量消耗,最多達 17%。[7]

- **你有韌性十足的跟腱**。黑猩猩的阿基里斯腱(跟

[7] R. F. Ker, M. B. Bennett, S. R. Bibby, R. C. Kester, and R. M. Alexander, "The Spring in the Arch of the Human Foot," *Nature* 325 (1987): 147-49.

腱）長度僅 0.85 公分，人類的卻長達 15.2 公分。當你奔跑時，跟腱便展現神奇的威力：能儲存並釋放跑步時產生的 35% 力學能量，這是你走路時不會發生的事。跟腱的存在，就是為了幫助你跑步。

- 你有強大的臀肌。你的大塊臀肌不只是用來撐起名牌牛仔褲。走路時，臀肌基本上可以不發力。但一旦展開衝刺，臀肌便成為穩定全身的關鍵，每一步都避免你往前摔倒。臀肌是人體最大肌群，若能充分利用（久坐生活會妨礙後側鏈的力量傳輸），此肌群相對起來較不容易疲勞。

- 你的耳道像太空船的導航電腦。耳道也是專門為跑得好而設計。與走路相比，跑步的晃動更大。只要觀察跑者馬尾辮的八字型擺動，就能感受到奔跑時身體動作之大。如同配備陀螺儀的電腦，耳道會朝你的肌肉骨骼系統傳遞訊號，以調整雙足動物在移動過程中不斷產生的輕微不平衡。

經過數百萬年的演化，你天生就會跑步（不論是在田徑場或球場，穿著你的軍靴或參與馬拉松）。若你對這一點有疑慮的話，不妨閱讀李伯曼的書《從叢林到文明》。人體設計有其道理，包括短腳趾（穩定足部）、寬肩窄腰（方便旋轉產生力量）、有力的臀部、協助維持平衡的耳道，以及數百萬個汗腺協助皮膚散熱，這一切都是為了讓你能像風一樣奔跑。本書的目的，就是幫助你不受限制地奔跑。

第二章　天生就會跑

PART 2

The mission of this book is to offer those who run or want to run a clear set of guidelines. Whether you're a distance runner, a soccer player, a CrossFitter, or a soldier, I want to help you make sure that you are ready to be the best runner you can be and to decrease your chances of wear, tear, and injury. The standards that I put forth in this part of the book are designed to help you determine how Ready to Run you are and help you reach the optimal range of capacity that your body was designed to deliver.

第二部

本書的主要任務，是為跑步或想跑步的人提供一套明確指引。無論你是長距離跑者、足球員、CrossFit 選手或軍人，我都希望幫助你發揮自己最大的跑步潛力，並降低損耗與受傷的機率。我在書裡提出的各種標準，旨在幫助你判斷自己是否準備好跑步，並協助你發揮身體與生俱來的最佳能力。

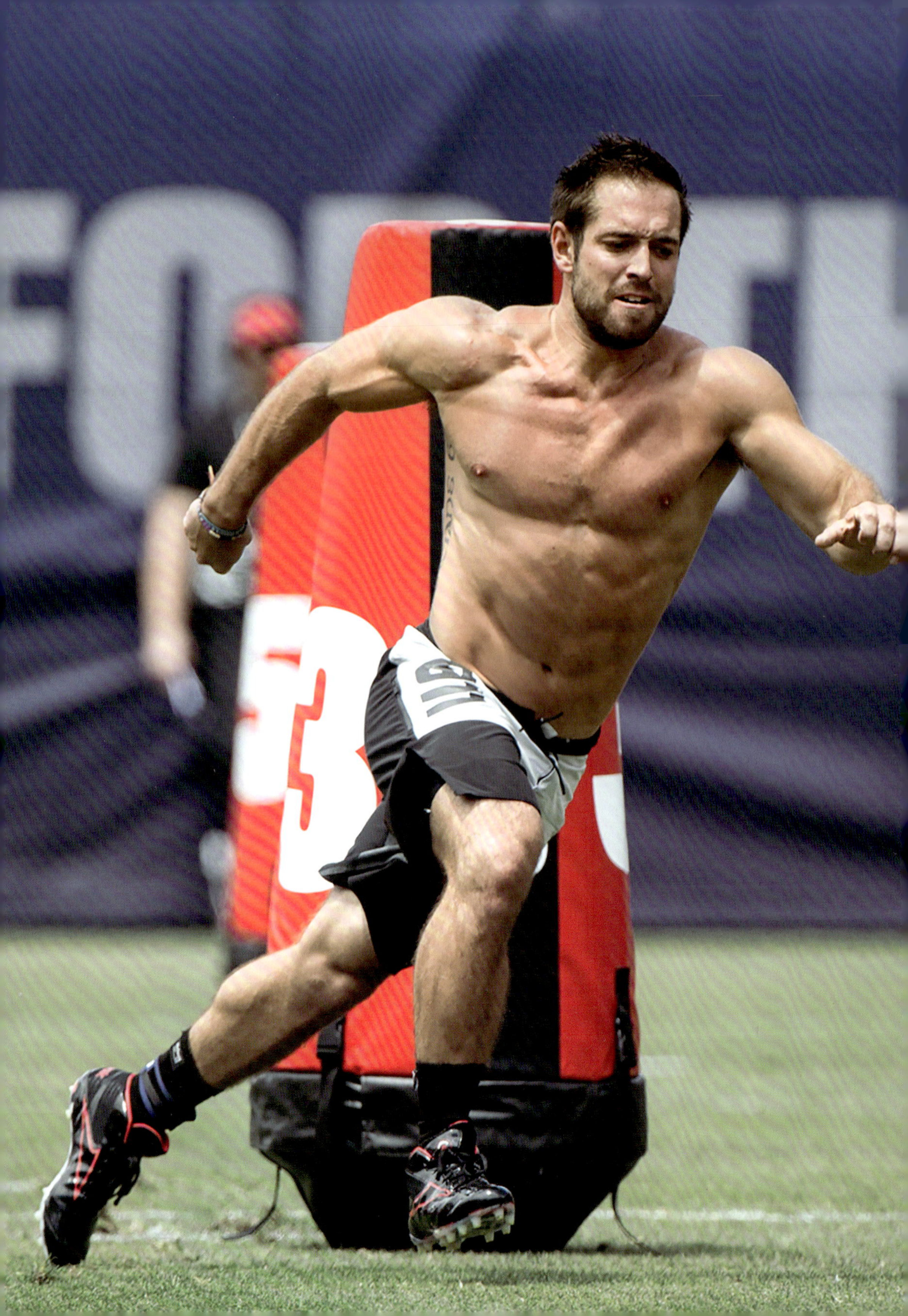

第三章

介紹 12 項標準

在接下來的章節，我將介紹並解釋 12 項標準。你可以使用這些標準來全面評估自己是否準備好跑步。這些標準包括：

- 雙腳中立
- 穿著平底鞋
- 柔韌的胸椎
- 高效率的深蹲技巧
- 髖關節屈曲
- 髖關節伸展
- 腳踝動作範圍
- 暖身與收操
- 穿著壓力襪
- 消除組織敏感點
- 補充水分
- 跳躍著地

追求、達到並維持這 12 項標準，能夠帶來以下好處：

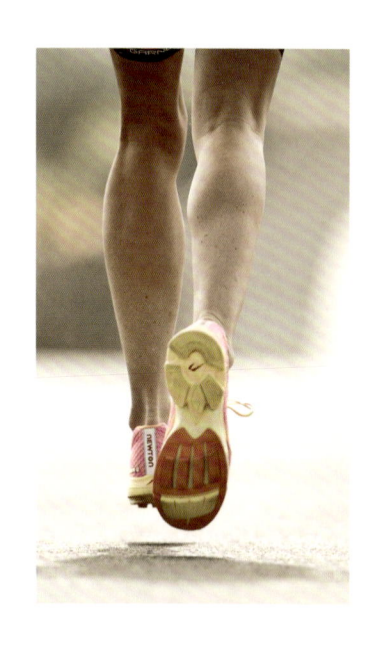

- 你的組織將保持健康、有足夠水分,且組織間的表面能順暢滑動與相互滑移,而不是像魔鬼氈一樣沾黏。
- 你的關節將處於適當位置。
- 你將恢復正常動作範圍,令腳踝、膝蓋與髖部的運作方式回到原廠設定。這有助於釋放你全部的力量,並將損害身體的破壞性衝擊降至最低。
- 重新設定基礎的力學與運動控制模式,如此一來,當你站立、行走與跑步時,軟骨與結締組織就不會磨損受傷。
- 髖部功能達到最佳,令你在跑步時能夠產生更多力量、減少膝蓋承受的壓力,並維持良好的動作形式。無論你是第一次跑步或參與 CrossFit 訓練,還是資深老手面臨長跑與比賽裡最艱難的疲勞時刻,良好的髖部功能都非常重要。
- 以及更多好處。

我們天生就適合跑步,但後天發展常出問題。一開始一切都很好,直到國小一年級開始坐在書桌前。你會發現:組織與關節會依據你大部分時間所處的姿勢而定形。如果你每天久坐或穿著高跟鞋,身體會因這些習慣而變形與受限。你還花了很多時間低頭看手機、發簡訊,導致嚴重後果。新的體形與習性導致你的組織與關節不利於跑步。你現在必須重生,才能跑得好。

你可以改變

重生之路的第一步是體認到一件事:儘管你長時間坐著、疏於自我保養、依賴設計過度的跑鞋與

止痛藥，且靠意志力來克服身體障礙，因而累積了許多傷害，但你絕對可以恢復天生的能力。

本書的核心前提是：你是可以改變的。這一切從調整心態開始。簡言之，終生享受跑步的關鍵在於照顧好身體，而你的任務就是朝這個目標努力。

要如何做才能將你的組織、關節與動作力學恢復至最佳水平？12 項標準就是你的指引，也就是針對生活型態、動作範圍、動作能力與跑步習慣設立目標。

這 12 項標準以是或否的二元方式呈現，沒有灰色地帶。每項標準的測試將顯示：「是的，你在某項標準已做好跑步的準備」。或是，「還沒有，你還需要多努力一點才能達標」。要達成這些標準，沒有一體適用的計畫，但在你了解自己每項標準處於何種水平後，我將提供各式工具與策略，幫助你從「否」變成「是」。

> 終生享受跑步的關鍵在於照顧好身體，而你的任務就是朝這個目標努力。

努力達標

雖然本書後面會更詳細地解釋，但我在這裡想強調一下追求這些標準時最重要的原則。請牢記這些基本準則。

- **保持耐心**。第一次測試時，某項標準或許對你來說是不可能的任務，特別是如果你跑步多年且長期久坐。首先，請不要氣餒。你的組織擁有驚人的適應力。如果你每天花數小時坐在椅子上，組織早已習慣這種姿勢（此姿勢不利於維持髖部強大的功能），但你的身體極具韌性且能夠改變。只要記住一點：改變需要時間。正如俗話所說，

成功絕非一蹴可幾。設定小目標並逐一實現，長期堅持並執行計劃。如果你每天都為達成標準而努力，那你已經成功了一半。關鍵在於努力不懈。

- **發揮創意**。在第三部，我將提供一些基本的鬆動術，來幫助你解決阻礙你達標的事物。這些我稱之為「鬆動術」的方法僅是起點，最終還是由你決定如何運用。方法眾多，我希望你發揮創意。比方說，如果你經常搭飛機，且每次都坐窗邊座位超過 5 個小時，那就要做好充分準備。你可以隨身攜帶滾筒或壘球、穿著壓縮衣物，還可以帶上一盒電解質發泡錠加水飲用。而針對一個具挑戰性的活動度標準，你又該設定什麼整體策略呢？你可能會問：「可以用皮拉提斯來幫助我達到髖關節屈曲標準嗎？」當然可以，你可以利用皮拉提斯、參加 CrossFit 課程，或是重溫健身大師傑克‧拉蘭內（Jack Lalanne）的影片。請發揮創意，將追求、達成並維持標準的習慣融入你的生活裡。

- **反覆測試**。有一個策略可以讓你付出的努力獲得最大效益，那就是在鬆動術執行前後測試自己。比方說，你花費兩分鐘進行特定運動以改善腳踝活動度。你可以在運動前測試動作範圍，運動後再測一次。是否有所改善？若有，那就太棒了。如果沒有，就嘗試不同的鬆動術或改用其他工具。請找到能促使組織發生變化的合適組合。

- **持之以恆**。當然，這條路沒有終點。準備好跑步計劃的口號之一便是「全年無休」。每個人的背景、年紀、組織狀況與付出的努力都不同，但追求與維持這些標準就像照顧好牙齒健康一樣，永無止境。如果你才剛開始（無論是作為跑者、

CrossFit 選手、田徑運動員、剛入伍的軍人，或以上都是），請不要被這段旅程的長度給嚇到。只要每天投入 10 分鐘，幾個星期、幾個月下來，你會驚訝於自己在追求更高標準的過程中進步的幅度。如果你的目標是全面提升體能，或是加強特定運動的奔跑能力，請每天為此付出一點努力，就像日常刷牙與使用牙線一樣。你可以書寫訓練日誌，以記錄進步情況，並留意自己的表現與各項標準的差距。這就是終生為跑步做好準備的秘密。

> 只要每天投入 10 分鐘，幾個星期、幾個月下來，你會驚訝於自己進步的幅度。

第三章　介紹12項標準 | 53

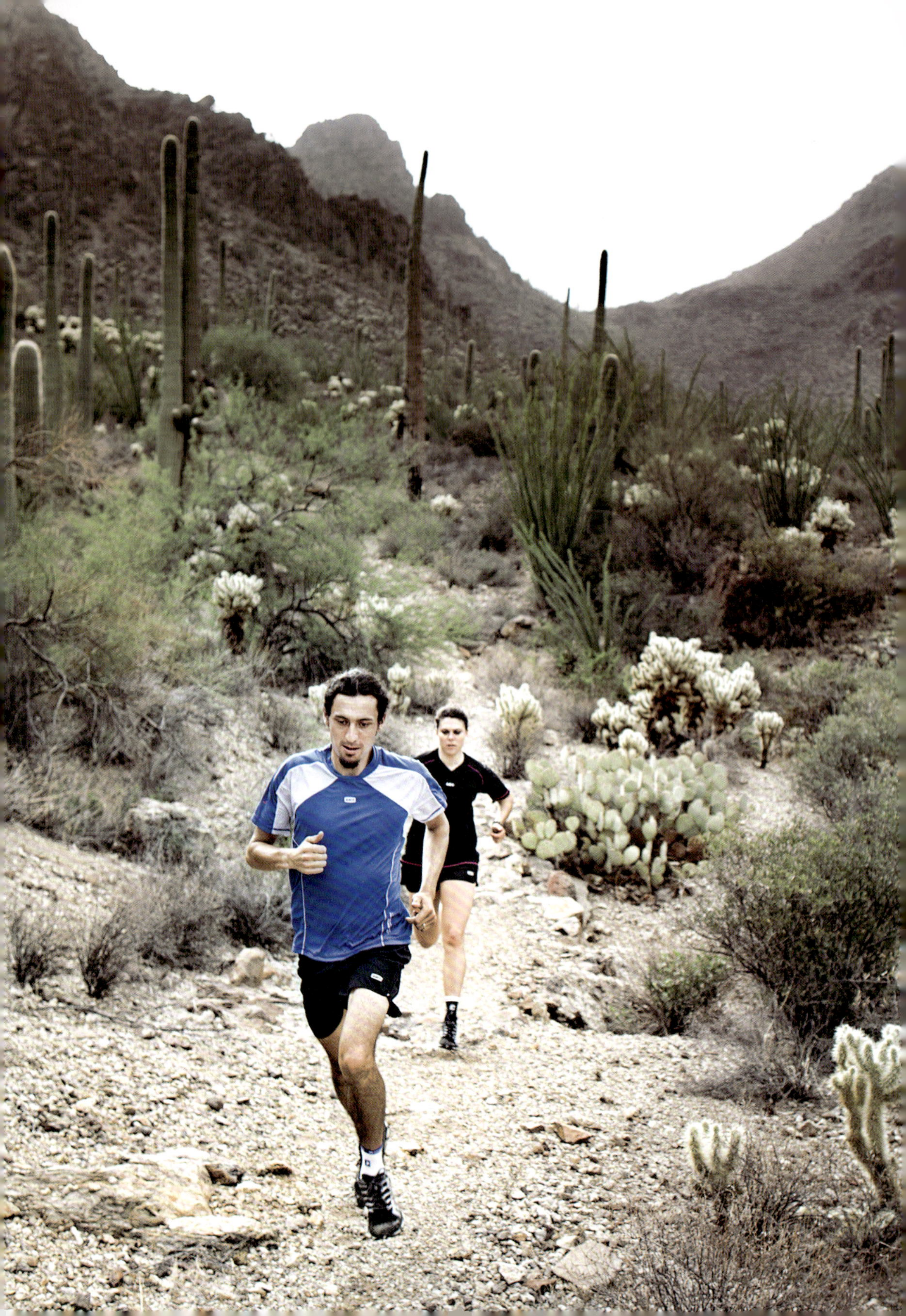

第四章

標準 1：雙腳中立

問題：
你習慣讓雙腳處於中立位置嗎？

雙腳處於中立位置的意思是，當你站立、行走或跑步時，腳掌都要直直朝前。不內八，也不像鴨腳一樣往外張開。雙腳要直直朝前。

中立、朝前的雙腳。 你應該整天盡量維持此姿勢。

外八。 此姿勢會引發一系列問題。以這種力學崩塌的姿勢站立、行走與跑步，會逐漸損害身體。

偏移與失衡。 這是不良站姿的例子，代表你沒留意維持好的姿勢。其中一隻腳往外打開，另一隻腳處於中立位置。請注意，此時你的骨盆帶是傾斜的。

主要動機

當你站立、行走與跑步時，雙腳應該維持在中立位置，這能幫助你做出高效率的動作，也就是身體天生適合的運動方式。當你以身體原本設計的方式運動時，便能減少導致受傷與關節磨損的壓力。

概述

基本上，跑步就是一連串的跳躍。每一次跳躍，你的腳都會接觸地面，也就是所謂的「著地」。在那一瞬間，身體會試圖尋求平衡，否則你會跌倒。

中立姿勢（腳掌朝前並平行）便是最穩定的足部位置。跑步時，你的肌肉骨骼系統就是以這種自然的方式著地。

針對雙腳中立推薦的活動度運動

雙腳中立從穩定軀幹開始，因此要確實改善緊繃的髖部：

- 沙發伸展（114 頁）
- 內收肌群按壓（222 頁）
- 前髖部按壓（223 頁）
- 大腿後側肌群來回推拉（224 頁）*
- 雙彈力帶髖關節牽引（232 頁）
- 整體腹部按壓（233 頁）
- 臀肌按壓與來回推拉（235 頁）
- 髖關節囊旋轉（237 頁）

*《靈活如豹》頁144審訂注：來回推拉的原文為floss，原指牙線，在這裡指一種物理治療的手法，以來回揉動、推來推去或伸展來處理沾黏組織，就像來回拉動牙線去除齒間沾黏。

讓我們來看看，當你的雙腳不是以中立姿勢著地，會發生什麼事。假設你的腳落地時往內傾斜（也就是內八），身體系統此時必須在力學上做出一定妥協，以產生所需的穩定性。這些妥協通常會對你的關節與結締組織造成傷害。經常以這種力學不良的方式跑步，身體就會開始耗損。

中立、穩定的足部位置是一個預備姿勢，能讓你的身體達到最佳表現。若脊椎也能維持在穩固、中立的狀態，身體便能發揮最強大的功能。脊椎中立意味著：你必須收緊臀肌（也就是啟動髖部）與繃緊核心。腹肌出力會將胸廓略微拉低，讓你的軀幹能夠共同發力。脊椎中立的最後一步是頭部與脊椎對齊。

要如何養成習慣，在站立、行走與跑步時都維持雙腳中立呢？你可以從整天維持足部對齊開始，就像是將襯衫下擺塞進褲子或經常洗手一樣。隨時檢查自己的姿勢。你的腳掌是否朝前？如果沒有的話，請調整至中立位置。你的脊椎穩固中立嗎？如果沒有的話，先深呼吸，組織好你的脊椎，從繃緊臀肌與腹肌開始，然後對齊你的胸廓與頭部。

本章節後面將示範如何透過練習達到這項標準。首先是組織好你的下脊椎，然後解決任何可能妨礙身體運作的軟組織問題。但這項標準的重點在於保持警覺。提醒自己整天都要維持中立的雙腳與脊椎姿勢，直到習慣變成本能。

雙腳中立這項標準非常簡單，但必須每天練習。這是你承擔足部健康責任與擺脫錯誤觀念的第一步。不要誤以為只要每天抽出一點時間訓練、依賴健保來解決所有受傷問題，就可以跑一輩子。同理，購買新跑鞋也不是有效的醫療干預手段。

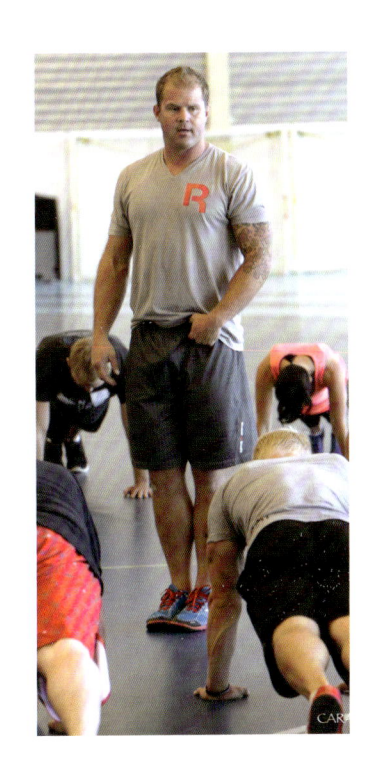

> 長時間坐著會讓你的關節與肌肉萎縮；鞋子將你的腳跟抬高、跟腱變弱；許多人採取圓肩與低頭的姿勢。許多不良習慣會削弱足部功能並導致足弓塌陷。

現代生活不利於發展與維持中立的雙腳，許多肌肉、骨骼與結締組織的力量變弱、難以活化，導致足弓無法發揮鋼鐵彈簧般的天生彈性。

長時間坐著會讓你的關節與肌肉萎縮；鞋子抬高你的腳跟，使得跟腱變弱；許多人為了瀏覽手機上的臉書貼文採取圓肩與低頭的姿勢。許多不良習慣會削弱足部功能並導致足弓塌陷，上述僅是其中一部分。這也使得跑者花錢購買新鞋、矯正鞋墊或醫療服務，指望它們能解決問題。

花錢通常能暫時緩解問題，例如要價 150 美元的新款跑鞋，加上隨處可買到的足弓支撐墊或額外的後跟墊。這可以讓跑者恢復跑步或暫時止痛，直到完成馬拉松目標或超馬賽事。但鞋子的設計會限制足部的自然活動，只會導致問題惡化。過度依賴跑鞋、矯正鞋墊、布洛芬藥物與腳跟著地（詳見 71 頁）等方式來維持每週跑量，正是跑者受傷率居高不下的原因。這也導致許多跑者無法繼續跑步，只能一邊翻閱雜誌，一邊辛苦地在滑步機上運動。

換言之，穿上高科技跑鞋就像是打上石膏，讓雙腳失去原本的活力，逐漸耗損、萎縮與變弱。你的雙腳本該如同鋼鐵彈簧，擁有跑得快、跑得遠與終生跑步所需的絕佳彈性，但如今卻鏽蝕退化。

穩定型跑鞋是解決方案嗎？

你知道美國民眾花費多少錢在跑鞋上頭嗎？答案是每年 30 億美元，這可不是小數目。民眾砸大錢取得先進技術與大量電腦建模，過度在乎 EVA 泡棉、特殊緩衝材料與嵌入中底的穩定裝置，得到的卻是不切實際的承諾。正如麥杜格在他的著作《天生就會跑》裡指出，今日跑鞋提供的動作控制與穩定技術製造的麻煩還多過解決的問題。

容我簡單介紹一下跑鞋常見的分類與行銷。跑鞋主要分成三類：緩衝、穩定與動作控制。購買流程自 1980 年代沿襲至今，也就是根據足內旋（pronation，譯按：指著地時腳踝向內塌陷）的程度來選擇鞋子。有些跑鞋商店與物理治療所還會使用步態分析，並觀察你跑步的方式或直接拍下你在跑步機上如何跑步。如果你被歸類為輕度內旋，店員會建議你購買緩衝鞋。如果內旋程度介於輕度與嚴重之間，通常會搭配穩定鞋。如果你明顯足內旋，店員就會拿出笨重、堅硬的「動作控制」款式。

（正如我將在下一章提到的，根據美國陸軍所做的大規模研究，這種將跑者與跑鞋匹配的模式根本行不通。）

設計過度的跑鞋除了價格昂貴，也通常是最糟糕的選擇。鞋跟緩衝的尺寸大如冰淇淋三明治？嵌入 EVA 泡棉裡的專利塑膠穩定技術？這些更像是行銷宣傳，而非有效的傷害預防科學。

等一下，你可能會思索一個問題。我們耳聞跑鞋公司之間激烈的專利競爭（包括動作控制裝置、穩定功能、腳跟控制設計、足弓支撐等），這背後竟然沒有傷害預防研究的支持？

確實沒有。沒有任何研究支持以下這種產業模式或行銷手法：如果你選擇適合「你」腳型的鞋子、搭配適合「你」的足弓矯正鞋墊、跑在適合的路面，且每跑 800 公里就換鞋，你就會變得更健康，並且能預防軟骨磨損與肌腱撕裂。

推動此模式的行銷原則可歸結如下：

跑步動作太危險了，你必須盡量跑在合適的路面，並穿著適合的鞋子。

這種信念帶來每年 30 億美元的跑鞋銷售額。但跑者受傷率並未下降，幾乎所有跑者每年都至少受傷一次。

你能接受這樣的情況嗎？

對足弓的根本性誤解

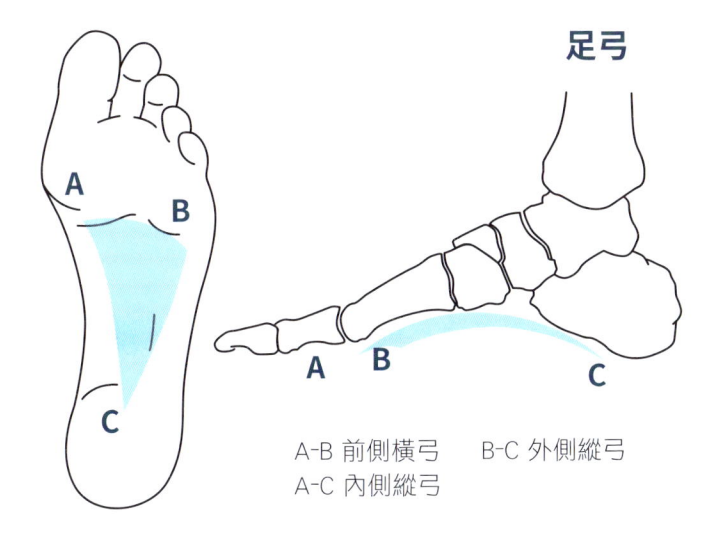

足弓

A-B 前側橫弓　　B-C 外側縱弓
A-C 內側縱弓

　　與長期以來的觀念相反，足弓是一種非承重表面。有些人誤以為足弓需要外部支撐，否則韌帶會被拉長、足弓會塌陷。我支持在 0.001% 的患者身上使用矯正鞋墊。如果你屬於這一小撮的人，代表你的足部狀況嚴重到連站著都會痛。

　　事實上，足弓不僅僅是連接骨骼結構的韌帶。足弓由多個拱形結構組成，包括內側縱弓、外側縱弓與前側橫弓，原理類似吊橋或汽車葉片彈簧。

　　一雙要價 150 美元的動作控制鞋真的值得嗎？如果仔細觀察拱橋，你會發現中間沒有任何支柱或支撐，而是由兩端承重，對吧？

　　事實就是如此。你應該做的事情是恢復與生俱來的能力，而這一切從遵循「雙腳中立」這項標準開始。

做到雙腳中立

首先，留意你的姿勢。現在，請站起來，檢查一下雙腳的位置。雙腳應該伸直朝前、彼此平行、與肩同寬，並位於髖部正下方。這就是中立的足部位置。這項標準的目標不僅是要你在跑步時採取此姿勢，而是**任何時刻**都該如此做。

當你的雙腳處於中立位置，並透過收緊臀部

> **關於赤腳力量、高跟鞋與夾腳拖的真相**

夾腳拖與高跟鞋都會讓腳踝不自然地僵緊，穿的人走路時會像腳踝卡住一樣，且雙腳呈現外八。走路時足弓塌陷與過度依賴大腳趾，會導致足弓受損、足底筋膜承受過大扭力、跟腱受力不均、腳踝夾擠、拇趾嚴重外翻與膝蓋內夾（夾腳拖帶來的問題，詳見75頁）。

看看那些習慣赤腳走路的文化，你會發現他們擁有漂亮的足弓與強壯的雙腳。習慣穿夾腳拖的文化則會出現各種問題（如前所述），簡直是噩夢。夏威夷人甚至發明一個詞彙詞來形容這種現象，也就是「島嶼腳」（island feet）。我們的健身房禁穿夾腳拖，運動員絕對不能穿著它們做訓練。在我們自己的診所，光是讓患者不再穿夾腳拖，就解決了無數膝痛病例。

你的腳踝與雙腳擁有驚人的潛能，請不要浪費。想知道夾腳拖有多糟糕嗎？你可以嘗試穿著它跑400公尺。我等著看後果。對吧，你根本無法正常跑步。（像科學怪人般拖著步子不能算是跑步）

宮城先生（譯按：電影《小子難纏》角色）說得沒錯：最好的防禦，就是避免危險。

（這會旋轉髖部）為整個身體系統製造力矩時，你就能更有力量地跑步、跳躍、衝刺、著地、舉物與移動。這也會啟動足弓。在這種姿勢下，你的雙腳處於最穩定狀態，且已做好安全移動的準備。

穩固你的身體

為了將力量從軀幹傳至中立的雙腳，你必須確保中軸穩定，就像是確認電源開關有開。要做到這一點，就必須執行穩固步驟。

為什麼要穩固脊椎？脊椎的位置可分為三種：

過度伸展：骨盆前傾的錯誤姿勢　　**屈曲**：圓背姿勢　　**中立**：骨盆平衡，並為強壯與穩定的身體中軸奠定基礎

無論是日常生活或運動訓練，你都需要養成維持中立脊椎的習慣。這種紀律對跑者來說非常重要，對於需運用各種動作模式與跑步的 CrossFit 運動員，或是在場上奔跑且時常遭撞擊的橄欖球員而言，更是不可或缺。

如果你養成習慣，每天維持中立的雙腳與脊椎（或稱「中軸」），這個基礎姿勢帶來的好處將反映在你的跑步表現上。中軸穩定不僅能保護你免於下背疼痛與傷害，也是後側鏈（即強壯的背肌、臀肌、大腿後側肌群與小腿後側肌群）力量流動的主要連結。當你以中立姿勢跑步時，力量便能順暢地傳遞，令你更有效率地啟動並使用臀肌與腿後肌群這些大肌群。

當你以不良的姿勢跑步時（無論是過度伸展或圓背），力量的連結就會中斷。後側鏈無法有效運作，會導致你更容易出現各種傷害。突然間，你就像是進入敵方領域的企業號星艦，而且你還關閉了防護罩。

想獲得中軸穩定帶來的好處，第一步是學習穩固步驟。經常確認自己是以中立的足部姿勢站立、行走與跑步，並練習維持中立的脊椎，也就是我經常說的「將訓練融入日常生活」。你可以利用處理日常事務的時間（無論是工作、在家、跑腿辦事或家務勞動），訓練自己成為更好的跑者、更棒的運動員或更厲害的 CrossFit 選手。你僅需要將中軸穩定變成日常習慣的一部分。你在每天不跑步或不訓練的 23 個小時裡越常練習，在鍛鍊時就越有可能做到。

你可以用赤腳的方式嘗試穩固步驟，感受如何透過足弓將軀幹產生的穩定性連接起來。大多數時

候，足部姿勢鬆垮，反映的是你的脊椎姿勢也不穩。只要簡單執行穩固步驟，你就能進入正確的姿勢。

再說一次，每天請經常練習穩固步驟，頻繁到成為一種本能。請按照以下的步驟進行：

1. 像芭蕾舞者那樣收緊臀部、啟動臀肌。這會讓你的骨盆處於中立位置。

2. 為了將胸廓拉至中立位置，請透過橫膈膜吸氣，繃緊腹肌，然後緩慢地吐氣。想像你的骨盆與胸廓是兩個盛滿水的大碗。你希望它們保持平衡，一滴水都不會溢出來。運用腹肌來鎖定骨盆與胸廓的位置。收緊臀肌能就定姿勢，繃緊腹肌則能穩固姿勢。

3. 將你的頭部擺至中立位置，手臂往兩側伸展，然後將肩膀往後拉至外旋狀態。骨盆與胸廓維持平衡，耳朵對齊你的肩膀與髖部。目光朝前，髖部、肩膀與頭部處於中立位置。這樣就完成了。現在將張力降到約20%。脊椎、肩膀與頭部維持在中立位置，並將全力繃緊的力量放鬆至四分之一。透過練習，你可以讓維持20%的張力成為日常狀態的一部分（布萊恩‧麥肯錫在CrossFit Endurance研討會上教導運動員以35%的核心張力跑步，而且這樣對呼吸沒有負面影響）。

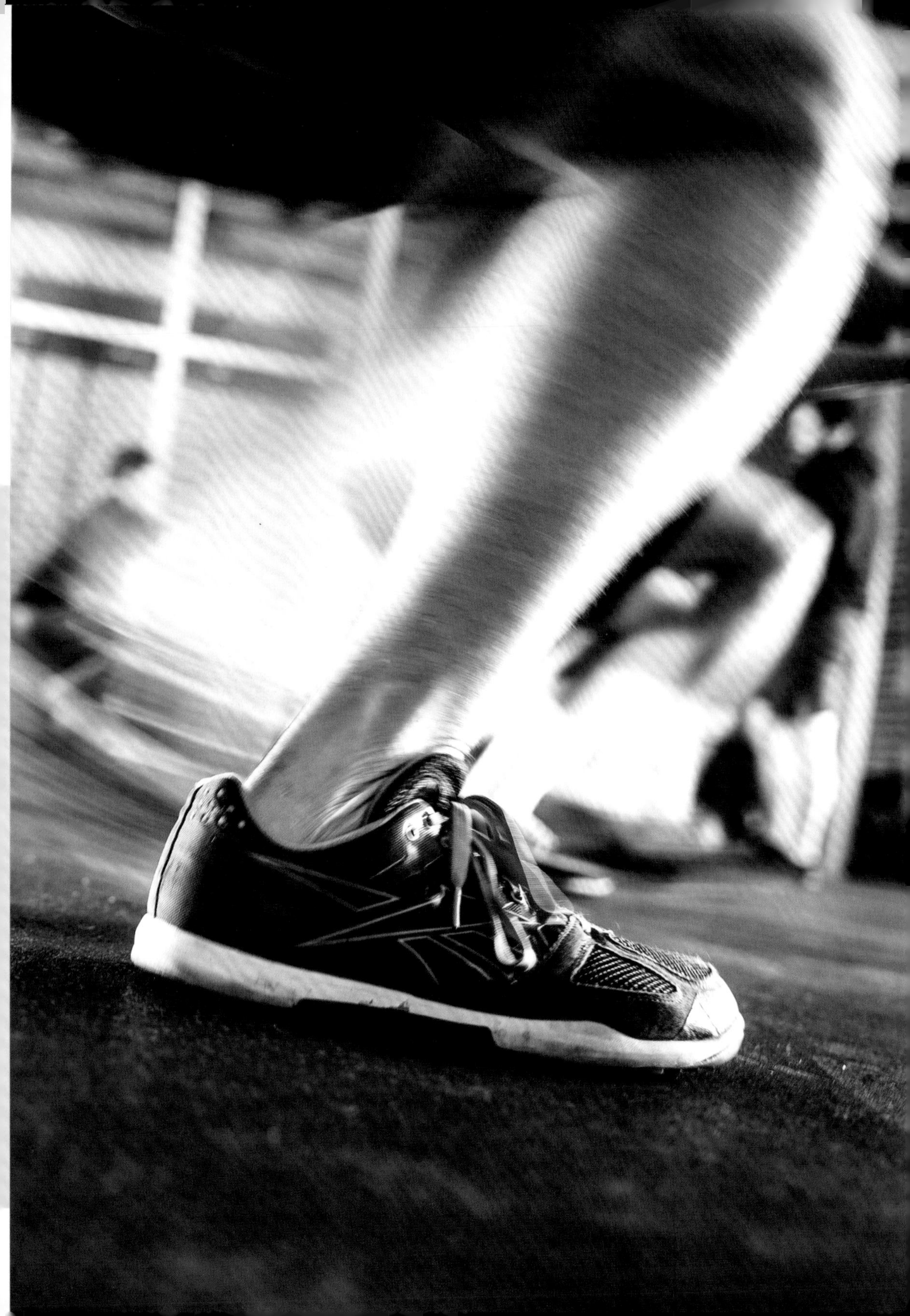

第五章

標準 2：穿著平底鞋

問題：

你穿的是平底鞋嗎？

這項標準既簡單又有效：當你穿鞋時，請選擇平底款式。如果你今晚要走奧斯卡頒獎典禮的紅地毯，那穿高跟鞋沒有什麼問題，畢竟這種機會相當難得。但大多時候，你應該穿著平底鞋，以免擾亂身體動作機制。當你需要穿鞋時（無論是跑鞋、工作鞋或軍靴），請選擇平底鞋，也就是「零落差」鞋款。換言之，腳跟與腳尖沒有高低落差。你應該避免或慢慢不穿腳跟高於腳尖的鞋子。

主要動機

如果把跑鞋比喻為賽車，腳跟下方的緩衝比起腳尖高出 1.5 公分，這看似微小的落差就像是在亂搞賽車的避震彈簧，會破壞整個系統，最終減損輪胎壽命。

我們可以使用虛無假設（null hypothesis）來討論跑鞋、足部與跑步的關係。虛無假設指的是，主張某療法有效的人必須承擔證明的責任。展開論證

前，要考慮預設狀態或情況。以跑步來說，足部的預設狀態是赤腳。因此，若有人堅持跑鞋鞋跟應該提高，並搭配穩定技術來限制動作（或許還要加上矯正鞋墊），那他們就必須證明赤腳是一種需要修正的狀態。

你之所以需要穿鞋，是因為辦公室明文規定，或是在人行道上行走或跑步可能發生危險（若你的腳上沒有厚厚的老繭）。你需要的鞋子，必須能保護你的腳免於石頭與碎玻璃傷害、不會被人資部門警告，同時又能讓腳盡可能自然運作。

概述

跑步時，你是用腳跟著地嗎？如果是的話，那可以合理推測，你穿的是鞋跟下方有厚實緩衝墊的跑鞋。這雙鞋子將你的腳跟抬得比腳尖還高。

跑鞋廣告一直以來都主打強大的鞋跟緩衝技術（無論是氣墊、凝膠、太空科技橡膠或是蜂巢結構）。廣告照片通常捕捉跑者腳跟著地的瞬間。苗

針對平底鞋跑者推薦的活動度運動

不要只是穿極簡鞋。以下運動能幫助讓你的雙腳與足弓恢復活力：

- 足底鬆動術（217 頁）
- 腳趾抓握（220 頁）
- 腳趾重生術（221 頁）
- 小腿後側肌群按壓（205 頁）

條的跑者一條腿在身體前方完全伸展，但臉上依然掛著愉悅的笑容。她的跟骨猛烈撞擊水泥地面，僅靠著壓縮成型的中底裡的緩衝墊來吸收衝擊。如果我們讓物理學家用科學的方式分析這張照片，估算有多少煞車力道傳送到跑者的骨骼，並轉化為各種剪力衝擊關節內的軟組織，然後將此數據乘以跑者每公里步數，再乘上每週、每月或每年跑多少公里，最後將這個數據與跑者受傷次數及嚴重程度做對比並製成圖表，那該有多好。

但這裡有項爭議，有人說照片裡的跑者以腳跟著地。那又怎麼樣？這不是她自然的跑步方式嗎？

絕對不是。事實上，我可以保證，如果讓她脫下鞋子並在人行道上跑 100 公尺，腳跟著地的方式會立刻消失。她不會以腳跟或腳掌著地，而是使用腳尖。

你生來就會跑步，但不是以腳跟著地的方式。這裡有任何模糊空間嗎？答案是完全沒有。幼童跑步不會用腳跟著地。不幸的是，他們受到功能失常的系統影響（我們很久之前就警告過），詳見第 74 頁文章〈最適合兒童的鞋子〉。

如果你跑步時以腳跟著地，請馬上停止。這會對你的身體造成不良影響。

根據我的觀察，小孩到一年級才開始以腳跟著地。接著，他們開始長時間坐在書桌前並穿著鞋跟墊高的鞋子，導致他們雙腳疲弱、足弓塌陷、跟腱變短，也就是失去雙腳原本的能力。你想拯救你的孩子嗎？請讓他們從小就穿著平底鞋，並維持這個習慣。

我的意思並不是要他們一直穿著鞋子。事實上，我希望你與你的家人能實施「赤腳星期六」。

> 如果你跑步時以腳跟著地，請馬上停止。這會對你的身體造成不良影響。

第五章　標準 2：穿著平底鞋　｜　71

> 盡可能讓自己赤腳，以強化與鬆動足部。

每週一天，盡可能讓自己光著腳。只要確定地面沒有玻璃或碎片，你就可以赤足行走。在家裡或後院走路時，也是赤腳的絕佳機會，還可以趁機進行秘密訓練，也就是強化與鬆動雙腳。

尼克‧坎皮泰利是俄亥俄州阿克倫（Akron）的跑者與足科醫生，同時在「尼克醫師的跑步部落格」發表文章。當尼克醫師還在唸書時，他經常以長距離跑者的觀點來看待問題，因為受傷的跑者十分依賴足科醫生幫助他們維持健康與累積跑量。他學到的一些事物令他感到困惑。其一是，他找不到任何支持「在跑鞋裡增加鞋跟緩衝並使鞋跟高於腳尖」的研究（此作法源自於1970年代跑鞋業的轉變）。

1960年代時，所有人跑步穿的都是平底鞋，包括Keds、Converse、Onitsuka（也就是亞瑟士，Asics）、Tigers等品牌。之後，緩衝氣墊等開始填充到鞋跟下方，但坎皮泰利一直無法找到確切原因。根據他的猜測，最可能的原因是有些腳跟疼痛的人會墊高腳跟來減輕痛楚，然後有人心想：「為何不將此作法擴大到整條跑鞋產品線呢？」無論原因為何，坎皮泰利表示，此變化顯然由該產業與行銷宣傳所推動。結果就是：隨著跑步熱潮興起，越來越多人腳跟著地，直到這種著地方式成為標準。

但這並不代表腳跟著地的方式是正確的。尼克醫師在足科醫學領域自成一格，原因是當受傷跑者來找他時，他從不將矯正鞋墊納入解決方案。相反地，他把重點放在訓練外展足拇肌，這是一塊位於足部內側的肌肉，擁有獨特且強大的功能，負責外展大腳趾（請參考第78頁）。尼克醫師緩慢且有耐心地協助跑者重建足部功能，幫助他們逐漸脫離（例如）厚重的動作控制鞋與堅硬的矯正鞋墊，最

後換成充滿彈性的平底極簡鞋,並讓足部發揮天生功能。

　　從尼克醫師其中一位病患的前後對比照片,你可以看到此方法效果驚人。左邊照片是一名 34 歲女性跑者在求診時拍攝。她當時使用動作控制鞋與矯正鞋墊,但這對於預防膝蓋與背部疼痛毫無幫助。你是否注意到她的腳跟往內傾斜,幾乎快要塌陷?她的腳跟與膝蓋都有外翻。動作控制鞋與矯正鞋墊本應幫助她的腳跟與其他骨頭重新對齊,但顯然效果不彰。

　　尼克醫師花了兩年時間,讓病人慢慢適應平底鞋後,她的情況出現極大變化。如同你在右邊照片看到的,這位跑者的跟骨獲得重建,現在幾乎垂直於地面,塌陷的足弓恢復正常。「矯正」鞋墊或鐵心僵硬的鞋子根本毫無用處。正如坎皮泰利所說,重點是讓足部發揮天生功能。

　　坎皮泰利表示:「這並不是單純穿著極簡鞋就會有的結果,而是因為你對足部施壓,讓它以天生的方式運作並變強。」

這是尼克醫師的病患足部前後對比照片。2012年,她的狀況非常糟糕。但在改穿著平底鞋與強化訓練後,到了2014年時,她的足弓與關節排列已恢復原始設定。

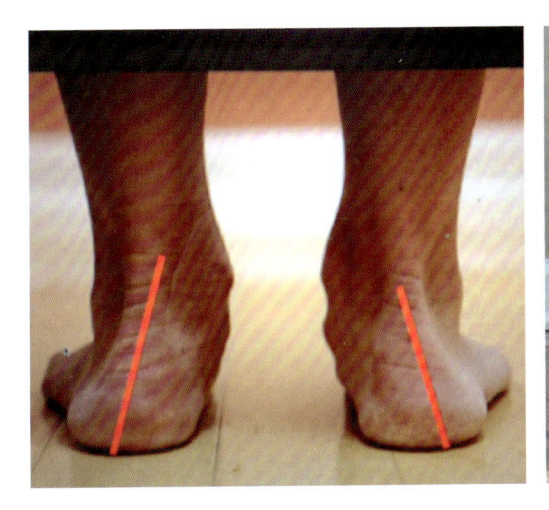

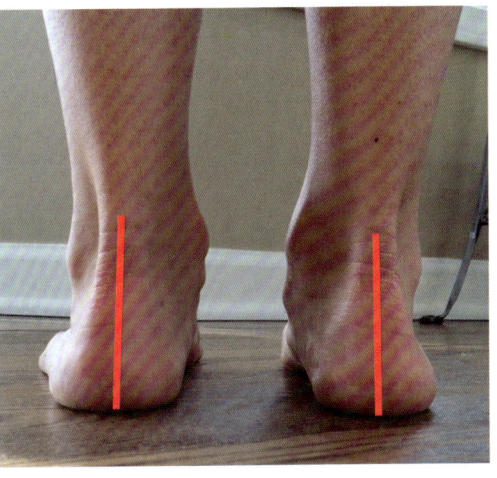

最適合兒童的鞋子

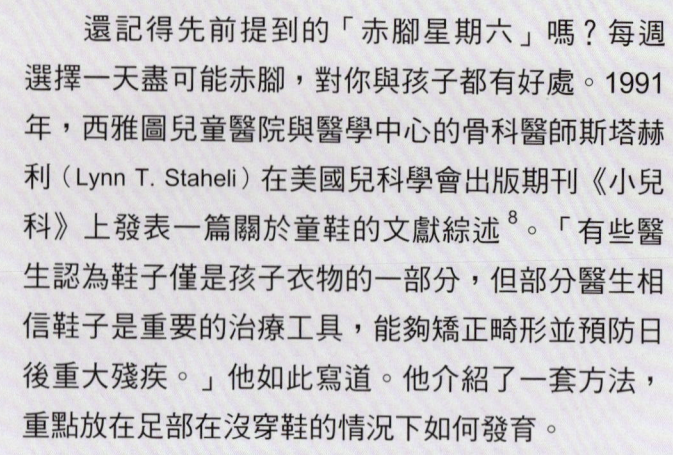

還記得先前提到的「赤腳星期六」嗎？每週選擇一天盡可能赤腳，對你與孩子都有好處。1991年，西雅圖兒童醫院與醫學中心的骨科醫師斯塔赫利（Lynn T. Staheli）在美國兒科學會出版期刊《小兒科》上發表一篇關於童鞋的文獻綜述[8]。「有些醫生認為鞋子僅是孩子衣物的一部分，但部分醫生相信鞋子是重要的治療工具，能夠矯正畸形並預防日後重大殘疾。」他如此寫道。他介紹了一套方法，重點放在足部在沒穿鞋的情況下如何發育。

斯塔赫利醫師總結他的研究成果，並指出這些結論「立基於客觀數據，而非印象或既定觀念」，內容如下：

1. 最適合足部發育的環境是赤腳。
2. 鞋子的主要功能是保護足部免於受傷與感染。
3. 僵硬與緊壓的鞋子可能導致畸形、疲弱與活動度下降。
4. 「矯正鞋」命名不當。
5. 用鞋子進行調整的正當理由包括：吸收衝擊、分散負重、抬高。
6. 選擇童鞋應基於一件事：能讓足部自然發育。
7. 應避免助長並反對鞋子的商業化與媒體炒作。「矯正鞋」的銷售給孩童帶來傷害、對家庭是一筆昂貴開銷，且損害醫學專業信譽。

[8] Lynn T. Staheli, "Shoes for Children: A Review," *Pediatrics* 88, no. 2 (1991): 371-75.

向夾腳拖說不

當你赤腳時，請花一點時間體會你的身體如何作為一個由多系統組成的整體，並理解為什麼你應該好好維護這些精密且高度進化的系統，而不是一直搞破壞。

請站起來，低頭看你的右腳。現在，慢慢抬起腳趾，觀察並感受發生了什麼事情。你的足弓啟動了，對吧？抬起腳趾（特別是大腳趾）會拉緊你的足底筋膜，就像是用起重絞盤從深井裡拉起一桶水。你的腳就是一種生物絞盤，足底筋膜是繩索，大腳趾則是轉軸。在14世紀的教堂建築工地，工人就是利用這種「絞盤效應」將石塊吊至數十公尺高。根據應用生物力學教授科比（Kevin Kirby）的說法，足底筋膜的絞盤機制為你的足部提供許多重要功能，包括支撐足弓、降低韌帶上的剪力與關節壓力，並在你跑步與跳躍時吸收彈性應變（elastic strain，譯按：受力後產生的變形）。[9]

那有什麼厲害的方法可以破壞你的足部機器呢？答案就是夾腳拖。穿夾腳拖走路時，必須用力夾緊大腳趾，才能防止拖鞋滑落。大腳趾夾緊時，足部絞盤機制無法運作，足底筋膜就得承擔後果。足弓組織會僵硬、縮短，導致足底筋膜無法發揮正常功能。此問題會影響多個系統，例如跟腱縮短可能壓迫坐骨神經，進而導致跟腱病變與神經動力學引發的疼痛與不適。這一切，都是夾腳拖惹的禍。

若你擔心黴菌感染，當然可以在淋浴間穿夾腳拖。但如果你想要發揮身體最大的運動潛能，千萬別穿夾腳拖。它就是萬惡根源。

---

[9] Kevin Kirby, "Functions of the plantar fascia," www.podiatry-arena.com/podiatry-forum/showthread.php?t=1464 (January 2, 2006).

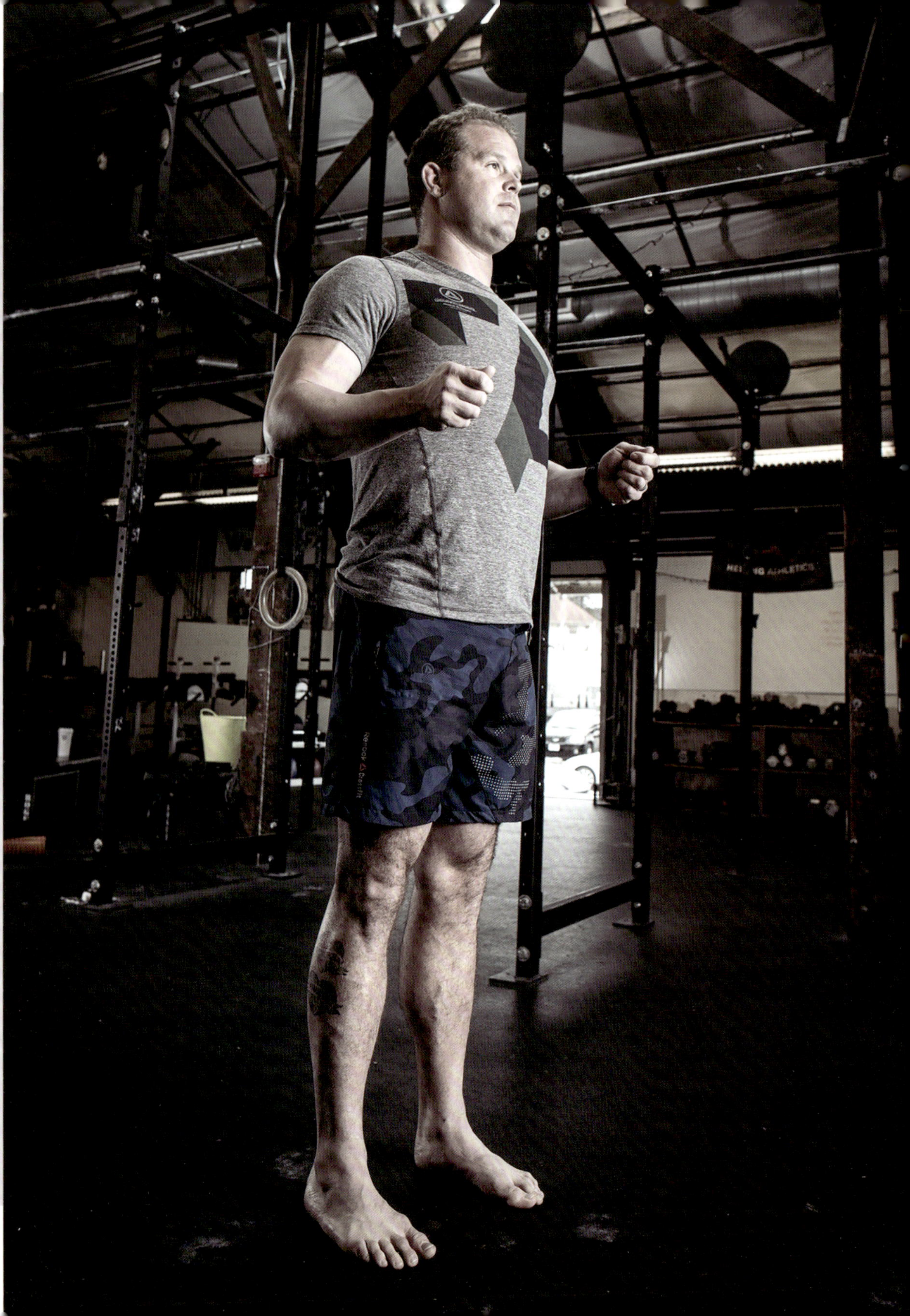

第六章

標準 3：柔韌的胸椎

問題：
你的胸椎是否柔韌且經良好組織？

你中背的 12 節胸椎不容忽視。跑者通常十分在意下背到足部的肌肉與關節，但胸椎對於長跑時維持中立姿勢至關重要。如果你一直沒有多花心思照顧中背（無論是跑步、坐著、行走、說話、打字、發簡訊或呼吸時），那可以從今天開始改變。

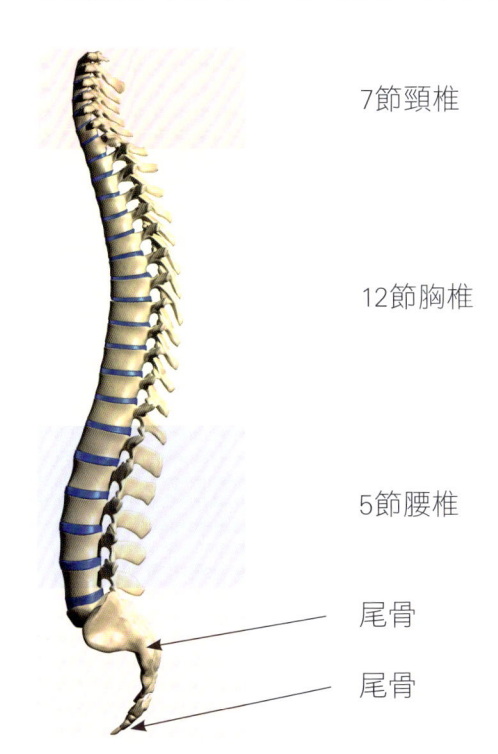

7節頸椎

12節胸椎

5節腰椎

尾骨

尾骨

主要動機

我們經常聽到「核心」對於跑步很重要（核心的定義因人而異，通常指的是胸廓底部到大腿），但如果胸椎僵緊、有問題，那你辛苦練出的六塊腹肌與緊實臀肌產生的力量便無法有效傳遞。胸椎僵緊不僅阻礙後側鏈運作，還會導致肩膀與頭部無法維持良好對齊，進而讓壓力轉移到頸部與下背。髖部功能也會受影響，使得壓力逐漸擴散至膝蓋、腳踝與足部，這些都是常見的受害部位。而且，你跑步時間越長、姿勢越跑掉，對身體的損害也越大。

針對柔韌胸椎推薦的活動度運動

請開始用這些運動來鬆動你的胸椎與肩膀：

- 胸椎整體按壓（244 頁）
- 胸椎雙球肌肉群剝離（245 頁）
- 肩膀前側鬆動術（246 頁）

概述

每個工作日早晨，舊金山街頭總能看到一群高科技公司員工在街角排隊等待接駁巴士，準備前往矽谷上班。他們一上車就找座位坐下，立刻連上無線網路使用筆電。但你會發現，許多人等車時駝著背、聳著肩、頭部前傾，沉浸在3C產品的世界裡，不是在讀就是在發訊息。他們幾乎整天都維持這種糟糕姿勢。

當然，他們並不是特例。現代跑者通常也是「久坐的運動員」。如果你沒有特別留意自己的姿勢，問題會非常嚴重。以下兩種狀況，你覺得哪一種對身體的傷害更大？

- 打零工的印度女性頭上頂著一籃子磚塊，搬運到工地。
- 電腦程式設計師頭戴約200公克的棒球帽，彎腰駝背盯著筆電。為了方便理解，我們假設他是科技業員工，正在等谷歌巴士。他的一天從低頭滑手機開始，接著坐上公車靠窗座位，之後一整天工作埋首於電腦。

讓我這麼說吧：穿著紗麗服、頭頂磚塊的女性勞工展現了中軸穩定的力量。相較之下，程式設計師毫不在意身體姿勢，形同慢性自殺。

假設這工程師正在為半馬做訓練，但他每天彎腰駝背盯著螢幕6或8個小時甚至更久，早已習慣這種「狗大便姿勢」，你認為這不會逐漸影響他的跑步姿勢嗎？

> 現代跑者通常也是「久坐的運動員」。如果你沒有特別留意自己的姿勢，問題會非常嚴重。

可以確定的是，每週處於這種姿勢至少 40 或 50 個小時後，他會覺得這種不良姿勢非常正常。

如果你肯花點時間觀察路跑賽事的數百名跑者，你會發現許多人上背呈圓弧狀（胸椎僵緊的表現），頭部往前伸，超出脊椎正常對齊的位置。

胸椎僵緊的後果

胸椎僵緊以及上半身、頸部與頭部姿勢不良會帶來哪些後果？人體是由不同系統組成的龐大系統，因此失能會沿著動力鏈往上往下蔓延，成為全身性問題。

- **頸部疼痛**。當你的頭部向前突到越過脊椎時，請注意頭部本身重量約 5.4 公斤，而每往前伸出 2.5 公分，便會對於頸部帶來 4.5 公斤負擔。
- **肩膀活動度問題**。當肩關節處於外旋的中立位置時，你就可以從旋轉力矩中獲得儲存的能量。但要是肩膀前傾的話，就無法產生這種力矩。軟組織此時承受更大壓力，且必須努力穩定肩關節。如同那個頭頂磚塊的女性工人直覺地知道，如果骨骼排列良好，肩膀維持在中立位置，身體結構便能發揮支撐力量來維持穩定。相反地，姿勢不良會導致軟組織磨損。即使久坐的長跑選手頭上沒有負重，但如果他的姿勢不良，中軸沒有穩定好，肩膀就會付出代價。為什麼跑者難以將手臂高舉過頭？這種情況不該發生。
- **下背疼痛**。僵緊、弓起的胸椎會阻礙身體系統間的力量傳送。當你跑步時，這會將更多壓力傳送到下背部，也就是腰椎區域。

> 僵緊、弓起的胸椎會阻礙身體系統間的力量傳送。

- **膝蓋疼痛**。脊椎沒有維持中立，膝蓋承受的壓力就會增加。跑者經常遇到這樣的問題，也就是梨狀肌疼痛（又稱為「深層臀部疼痛」），以及因髖部功能不佳引發的各種膝蓋毛病。
- **其他組織敏感點**。再說一次，人體是由不同系統組成的龐大系統。依我看來，你的軀幹就是Ｆ１賽車的底盤。髖部與肩膀是兩大動力引擎。胸椎僵緊會妨礙穩定性與力量傳送。這會導致你跑步時穩定身體的複雜機制出現各種問題，包括足部著地的方式，結果就是疼痛。疼痛是明確警訊，代表你有些事情做錯了。
- **力量流失**。這裡的討論不僅是疼痛，還關乎力量。回到先前比喻，你的軀幹是底盤，髖部與肩膀是引擎。如果你跑步時肩膀前傾、頭部突出、上背姿勢不良，那力量肯定會流失。

如果你的頸部疼痛，或肩膀由於欠缺外旋而前傾，或因下背與髖部承受過多壓力導致下游問題，那你應該更重視這項標準。擁有柔韌且排列良好的胸椎，就是改善問題的起點。

打造柔韌的胸椎

想達到良好的姿勢，請按照以下步驟：

站立時保持脊椎中立，肩胛骨內收令肩膀外旋，讓關節處於正確的位置。

手臂放鬆並彎曲成90度，同時維持中軸穩定與正確的肩膀姿勢。

含胸是可怕的錯誤姿勢，你應該極力避免。請注意，我的肩關節內旋，偏離了關節窩位置。這不是跑15公里的方式。

除了整天不斷練習穩固步驟（詳見第 65 頁）外，你也可以用上背鬆動術（詳見第 244~245 頁）來改善胸椎活動度。

跑者經驗談

我以前從沒想過「上半身跑步姿勢」這回事，覺得這根本不重要。多年來，我的伸展課表從未涵蓋下背以上的部位。我之所以忽視上半身動作，或許是因為我偶爾會與一位馬拉松成績 2 小時 20 分的跑者一起訓練，他的速度遠優於我的個人最佳成績。他跑步時會聳肩，令我聯想到《辛普森家庭》裡的反派角色。這些年來，我見過許多優秀跑者跑步時都含胸駝背。這也沒有影響他們的速度，所以誰會在意呢？結果是，我不得不在意。

多年來，我累積了不少疼痛，其中之一是頸痛，感覺就像有根細長的針刺進我的上脊椎。當我長時間跑步或行走時，頸部就會開始疼痛。只要用袋棍球按壓胸椎附近組織，疼痛就能立刻改善。除了學會如何減輕疼痛外，我也了解（吃了不少苦頭）上脊椎與肩關節排列良好能減少能量消耗。換言之，當骨骼能發揮應有的支撐作用，肌肉就不需要耗費太多能量來維持穩定與挺直。

—T.J. 墨菲

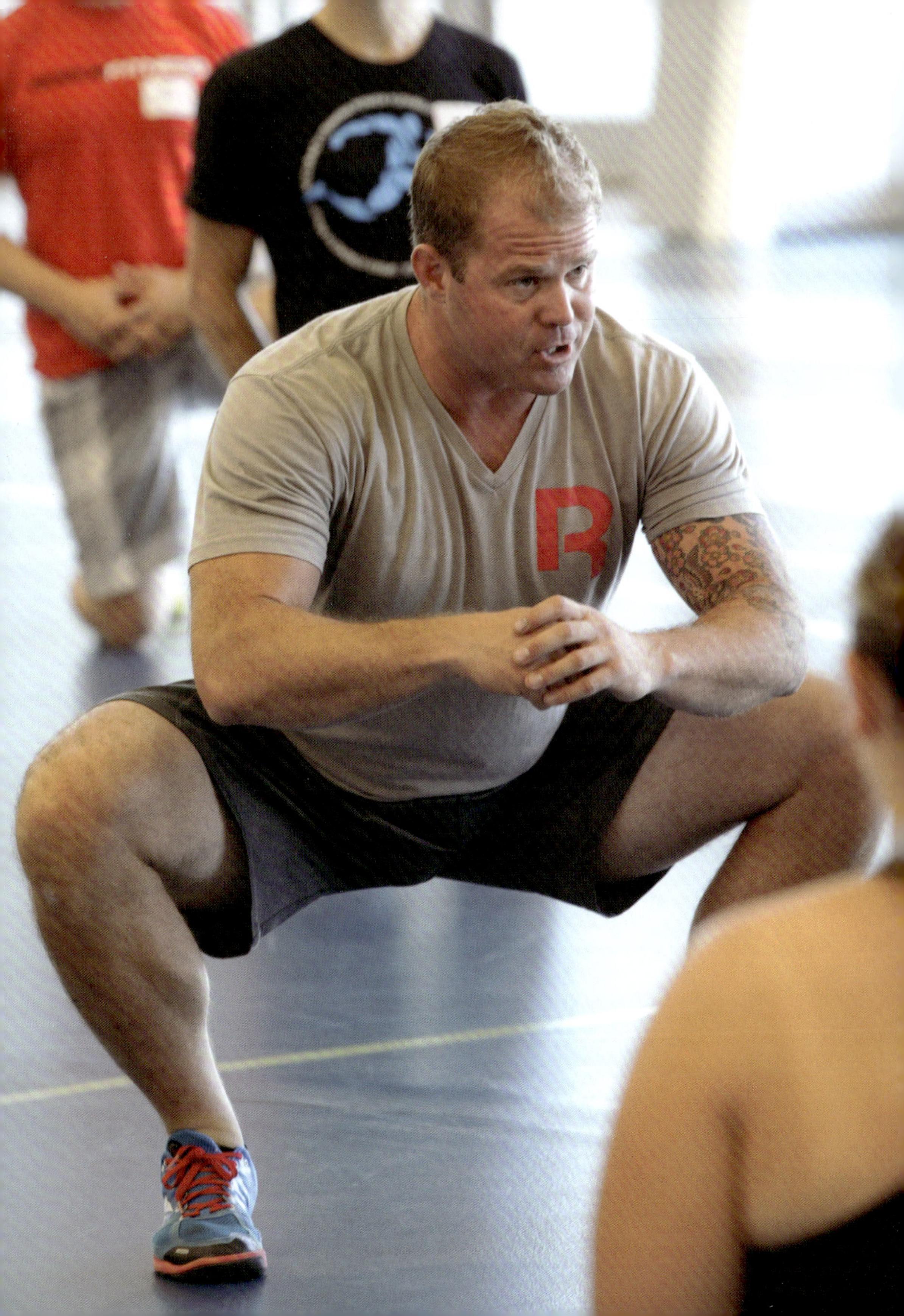

第七章

標準 4：高效率的深蹲技巧

問題：

你能正確深蹲嗎？

這項標準關乎良好的髖部與腳踝功能。能夠運用適當的髖關節功能及良好的動作模式執行深蹲，並徹底理解這些模式，是做好跑步準備的基礎。達到此標準也代表你能在輕度代謝負荷下完成一系列正確深蹲。

此標準包含兩項測試：

- 你能以身體天生適合的動作模式，執行技巧純熟的深蹲嗎？
- 你能以 Tabata 間歇訓練模式，完成至少 10 次徒手深蹲嗎（動作標準流暢）？換言之，20 秒內需執行 10 次徒手深蹲，然後休息 10 秒，此為 1 個循環。你可以持續 4 分鐘做 8 個循環嗎？

主要動機

正確深蹲是良好運動模式的根基，而好的動作模式能幫助你發揮後側鏈力量並避免受傷。達到這項標準，意味著你的髖部功能良好，並掌握良好力學的感覺。

針對高效率深蹲技巧推薦的活動度運動

你相信嗎，深蹲要進步的最佳方法就是——多做深蹲，並且花時間停留在深蹲姿勢。此外，也要偏重練習以下鬆動術：

- 沙發伸展（114 頁）
- 彈力帶腳踝鬆動術（206 頁）
- 後側鏈彈力帶來回推拉（238 頁）
- 下背球按壓（242 頁）
- 10 分鐘深蹲測試（https://www.youtube.com/watch?v=7XwKnk16Zbs）

概述

你可能聽過，大多數的跑者「髖部很弱」。另一種說法是臀肌「沒有啟動」、「停擺」或「失衡」。這裡有一個方法可以改善你的表現：分析、修正並提升深蹲能力，能讓你在跑步時啟動強大的臀肌，並將髖部驅動的力量轉化為跑步動力。你是否有過跑起來彈力十足、彷彿在飛的經驗？這靠的就是髖部的推動。

此外，你想找出可能導致慢性傷害的力學問題嗎？深蹲是最直接、有效凸顯你動作問題的方法。不僅如此，正如知名跑步教練兼作家丹尼爾斯（Jack Daniels）博士所說，當你跑步或比賽感到疲勞、動作走樣時，受傷風險就會增加。

了解如何維持良好動作模式，對你有任何幫助嗎？知識就是力量。因此，你可以在深蹲測試裡加入一些耐力壓力，以取得更多動作資訊。這將幫助你找出動作模式錯誤或缺陷，進而提升跑步表現與品質。好的動作模式應該在起跑時就建立，到終點都維持一致。學會良好的深蹲技巧，額外好處是讓你成為功能更好、更完整的人。當鄰居請你幫忙搬沙發床時，你不會因害怕受傷而拒絕。你能夠像健康的人一樣輕鬆上下樓梯，而不是像傷病纏身的跑者那樣，把每一級台階都當成地雷。

　　幾年前，一位美國頂尖中長跑運動員取得世錦賽 1,500 公尺參賽資格。他按照當年夏季賽季成績，有很高的機率可以奪牌。但他最終沒參加比賽，原因是他有一天割草時拉傷背部。

　　這就是我要說的重點。成為跑者，並不意味著你連搬箱子或推嬰兒車時都得擔心可能受傷而錯過整個賽季。提升與精通深蹲技巧，將改善你的跑步表現與日常生活。

　　接下來的兩項深蹲測試能幫助你診斷自己的狀況，並作為你執行活動度訓練的指引。

> 成為跑者，並不意味著你連搬箱子或推嬰兒車都得擔心可能受傷而錯過整個賽季。

測試 1：良好且基本的徒手深蹲

為了檢查你的深蹲力學，請使用手機或相機錄影，或請朋友即時回饋。你的任務是完成一次深蹲，髖關節降至膝蓋以下，然後回到起始位置。你必須做到以下的技巧細節。

1. **採站姿，雙腳略比肩寬，這是體育運動的經典發力站姿**。你可以想像自己要做立定跳遠，或是就定位要接網球女將大威廉絲的發球。腳掌朝前或稍微往外張開，但幅度不要太大。外八（腳趾過度朝外）與內八都是錯誤站姿。

2. **啟動你的臀肌與後側鏈**。保持腳掌朝前，啟動你的後側鏈肌群（足弓到大腿後側肌群、髖部與支撐軀幹的肌肉），想像雙腳將兩個餐盤扭緊到地面。左腳以逆時針方向扭轉，右腳則是順時針方向。蹲下前，雙手往前伸，以幫助身體保持平衡。

3. **膝蓋外推**。提醒自己腳跟維持貼地，膝蓋往外推，以防止膝蓋內夾（膝關節外翻會造成很多問題）。

4. **髖關節降至低於膝蓋高度，膝蓋往前不要超過腳尖**。請注意我深蹲的深度。你的徒手深蹲必須蹲得夠深，髖前皺摺（hip crease）才會低於膝蓋。

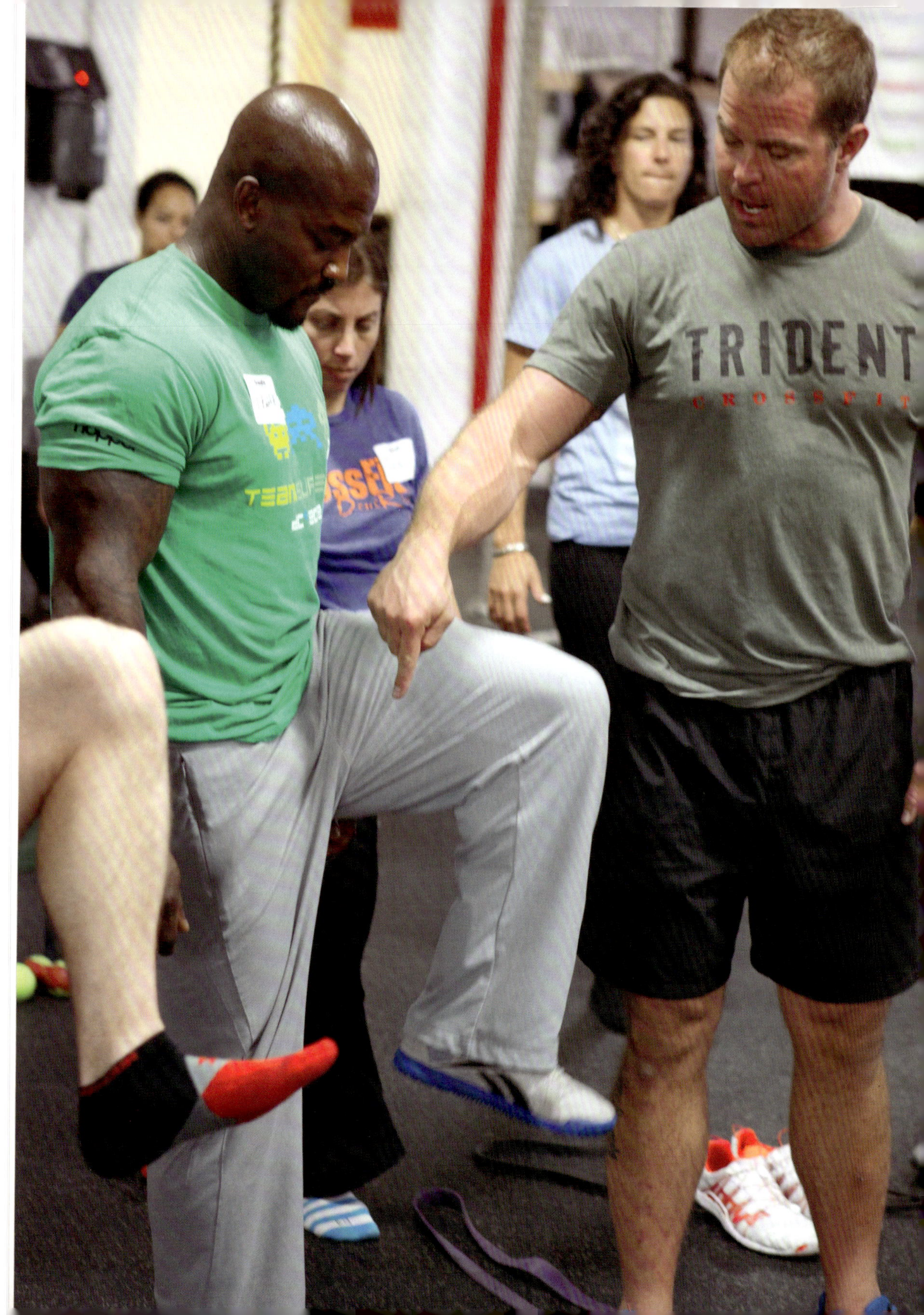
TRIDENT
CROSSFIT

第八章

標準 5：髖關節屈曲

問題：

你能用左腳站立，右髖施展正常屈曲範圍達 30 秒，然後換邊嗎？

12 Paul E. Niemuth, Robert J. Johnson, Marcella Myers, and Thomas J. Thieman, "Hip Muscle Weakness and Overuse Injuries in Recreational Runners," *Clinical Journal of Sport Medicine* 15, no. 1 (2005), 14-21.

為了充分發揮髖部功能，你必須達到正常範圍的髖關節屈曲。這項標準的測試將清楚顯示許多跑者的髖部功能疲弱，與平衡、有力的標準相距甚遠。如果你經常訓練、跑步或每天久坐，組織可能變短，導致髖屈動作範圍縮減，進而影響整體髖部功能。這會導致力量流失並增加受傷機率。

在 1970、1980 與 1990 年代，大家普遍認為跑步傷害與足部脫不了關係。當研究人員開始研究髖部功能後，這種觀念開始改變。2002 年的研究比較了 30 名深受慢性傷害困擾的跑者與 30 名健康跑者，檢視他們髖部 6 組不同肌群的力量與平衡度。[12] 研究結果發現：受傷跑者的髖屈肌與外展肌普遍較弱。

這僅是開端而已。從那時開始，越來越多研究指出：受傷與過度內旋以及髖部疲弱、僵緊有關。

如果你正在學習姿勢跑法（Pose Method）等新的跑步技巧，那你應該在意所有與髖部功能有關的標準（深蹲、髖關節屈曲、髖關節伸展與腳踝動作範圍），以安全地掌握這些技巧。

久坐的危害：你的反擊策略

超馬運動員卡納茲斯（Dean Karnazes）曾跑步橫跨整個美國，在跑步機上持續跑步兩天，並多次完成全長 217 公里的「惡水超馬」等史詩級賽事。你可能好奇，他是否受過傷？迪恩可沒時間受傷。他透露其中一個秘訣是：

「我很少坐下。」

迪恩養成使用立桌打電腦的習慣，並將坐著的時間壓至最低。他站著使用電腦時，還會穿插幾組徒手深蹲、伏地挺身與引體向上來活動筋骨。

並不是所有人都能捨棄椅子、改用立桌。如果你也感到困難，可以使用穩固步驟（詳見第 65 頁）幫助自己在坐著時維持穩定、中立的脊椎。

每 15 分鐘就站起來動一下，並執行穩固步驟。重新組織骨盆與脊椎，臀肌與腹肌維持約 20% 張力後，再坐下。

請注意：執行穩固步驟無法抄捷徑。如果你發現自己坐在椅子上開始駝背，光靠調整坐姿無法讓脊椎回到中立姿勢。請站起來，重新執行穩固步驟。每天經常這樣做，久而久之，你就能抵消久坐讓肌肉縮短所造成的大量傷害。

在這項標準的測試裡，我希望你做到這些事情：

- 以站立的方式測試，以便在承受少量負荷與嘗試平衡的狀況下測試自己的髖部能力。
- 你必須能夠展現兩邊髖關節正常屈曲範圍。

若你能在單腿站立的情況下維持 120 度的髖關節屈曲達 30 秒，另一隻腿也能做到，代表你已通過這項標準。

當然，這不僅是一項測試，也是平衡運動。若你希望在跑 5 公里、15 公里或更長距離時，能夠依靠雙腿與髖部產生充足的穩定性，那最好確保你的運動控制單元、神經迴路與反應能力能完美配合。在你能維持 30 秒後，可以閉上眼睛來提高測試的難度。

1. 單腳站立，脊椎維持中立、穩固，腳掌朝前，將一邊膝蓋拉向胸部，以完全屈曲髖關節。

2. 雙手自然下垂。要通過這項標準，你的膝蓋必須超過髖關節頂端，屈曲角度至少要達到120度。

3. 為何不順便練習一下蹠屈呢？將你的腳背打直。維持此姿勢30秒，然後換腿並維持30秒。

錯誤姿勢。你應該站直並維持平衡。身體搖晃就無法通過這項測試。

跑者經驗談

與許多標準一樣，髖關節屈曲是髖部功能良好的其中一個元素。高跑量會損害髖部功能的大部分元素（如果不是全部的話），而在我參加 CrossFit 課程後，我體會到我的跑步生涯（加上久坐的工作）對身體造成極大傷害。儘管我在這些領域有所改善，但課堂上幾乎所有人的髖關節屈曲與伸展能力都比我好。當你努力達到髖關節屈曲標準時，我鼓勵你發揮創意，找出任何可能限制動作範圍的因素。以我為例，我發現自己的腰肌（從下腰椎延伸到鼠蹊部的長條肌肉，負責髖關節屈曲）因長時間跑步與久坐而變短、僵緊，幾乎像一把鎖，而我以前從未想過要解開。

正如凱利所說，他的活動度計畫更像是「開放原始碼」，任何人都可以修改。你可以採用他提供的方法、混搭不同的技巧，並自行探索應用。你可以接受測試（例如本項標準的測試），然後進行 2 分鐘活動度訓練，接著起身再測一次。如果你發現有所改善，那代表方向正確。

—T.J. 墨菲

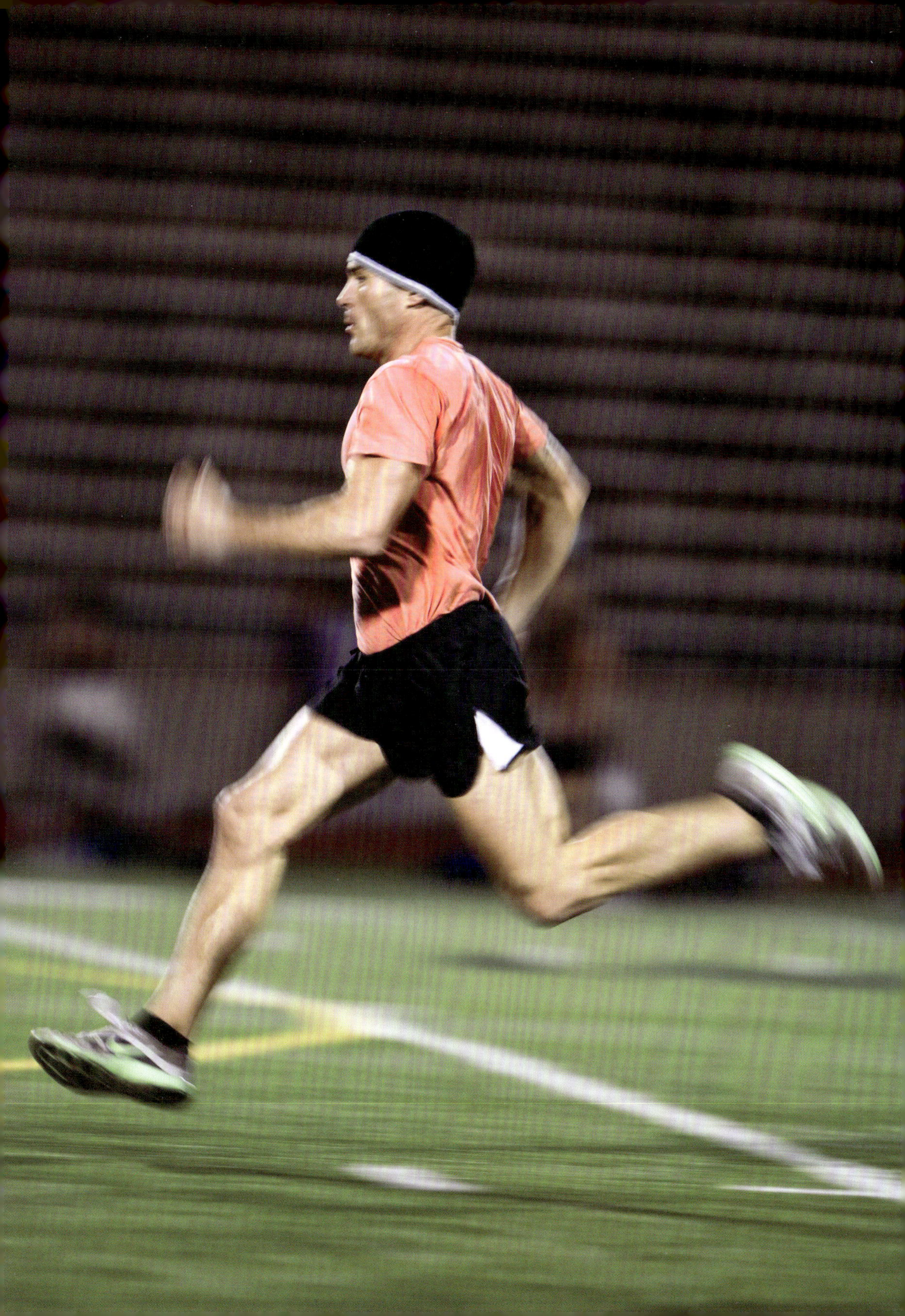

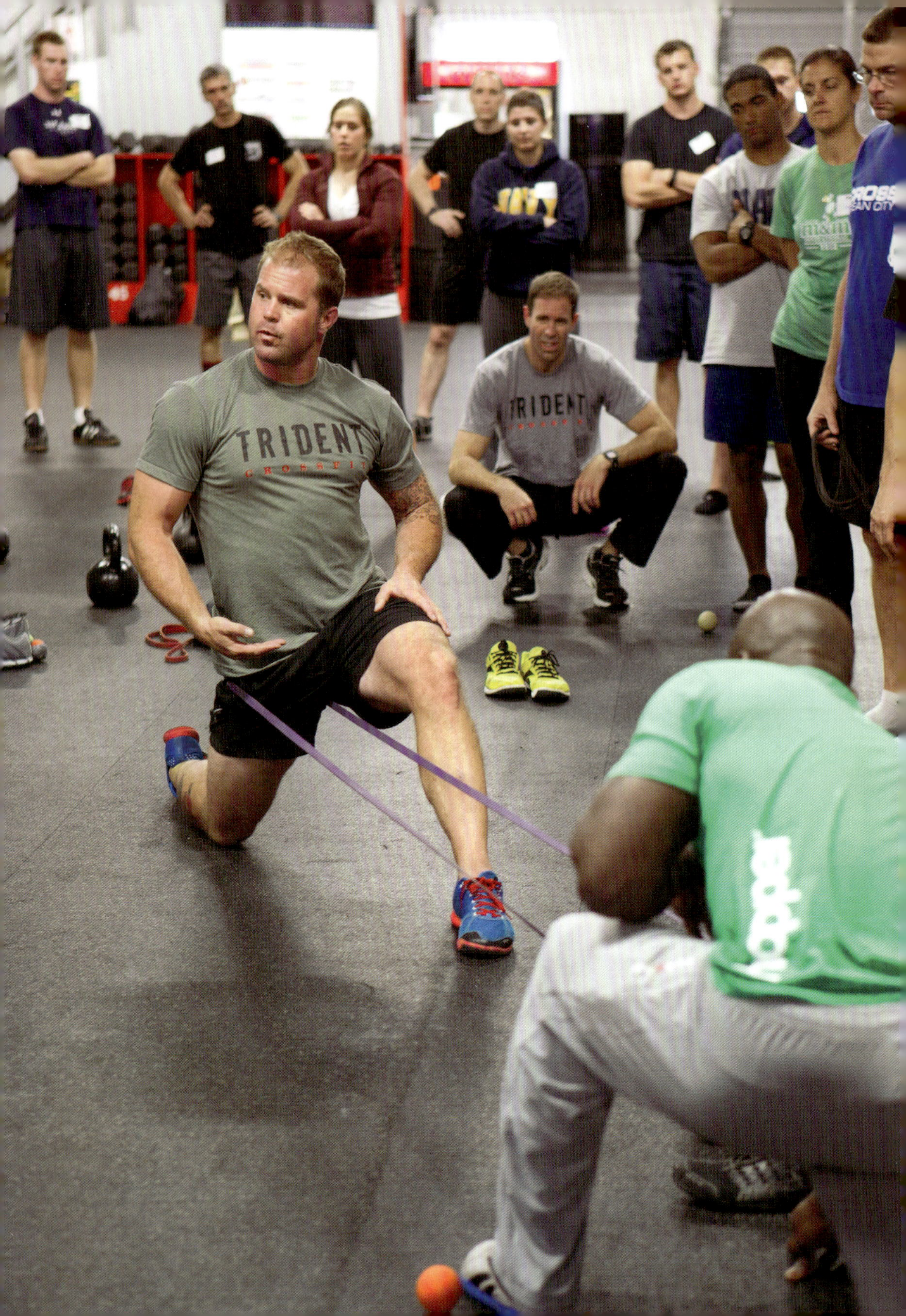
TRIDENT
CROSSFIT
TRIDENT

第九章

標準 6：髖關節伸展

問題：
你的髖關節伸展範圍是否正常？

達到這項標準意味著：你的髖部前側有充足的動作範圍，能夠完全伸展髖關節。

主要動機

照顧好你的股四頭肌與髖屈肌，有助於維持良好的髖部功能，並削弱傷害膝蓋的「邪惡力量」。

針對髖關節伸展推薦的活動度運動

請每天抽出時間做沙發伸展，最好一天數次。

- 沙發伸展（114 頁）
- 彈力帶髖關節伸展，單腿深蹲（231 頁）
- 腰肌按壓與來回推拉（234 頁）

受更大壓力，每次跑步都是一次撞擊。若你的跑步節奏是每分鐘 160 步，在 5 分鐘跑 1 公里的配速下，每公里將超過 800 步或 800 次負荷循環。你可以簡單算一下：如果你每週跑 80 公里，一年跑 50 週，平均 5 分鐘跑完 1 公里，那一年將承受超過 300 萬次的「鞭打」。

鞋子與矯正鞋墊無法解決這個問題。如果持續依賴這些裝置，你的健康跑步生涯恐怕很快就會結束。

你必須恢復正常的髖關節伸展與內旋。你必須現在就恢復，而且要一再提醒自己這麼做。如果你整天久坐，那要達到並維持這項標準就需要格外警覺。你必須建立一套新的習慣。

我在這裡提供兩項武器，幫助你對抗久坐帶來的傷害：

- 盡量少坐（詳見 116 頁文章〈為何久坐有害身體〉）。
- 每天做沙發伸展。這個伸展動作有助於提升跑步能力，重要性如同牙線之於牙齒健康。

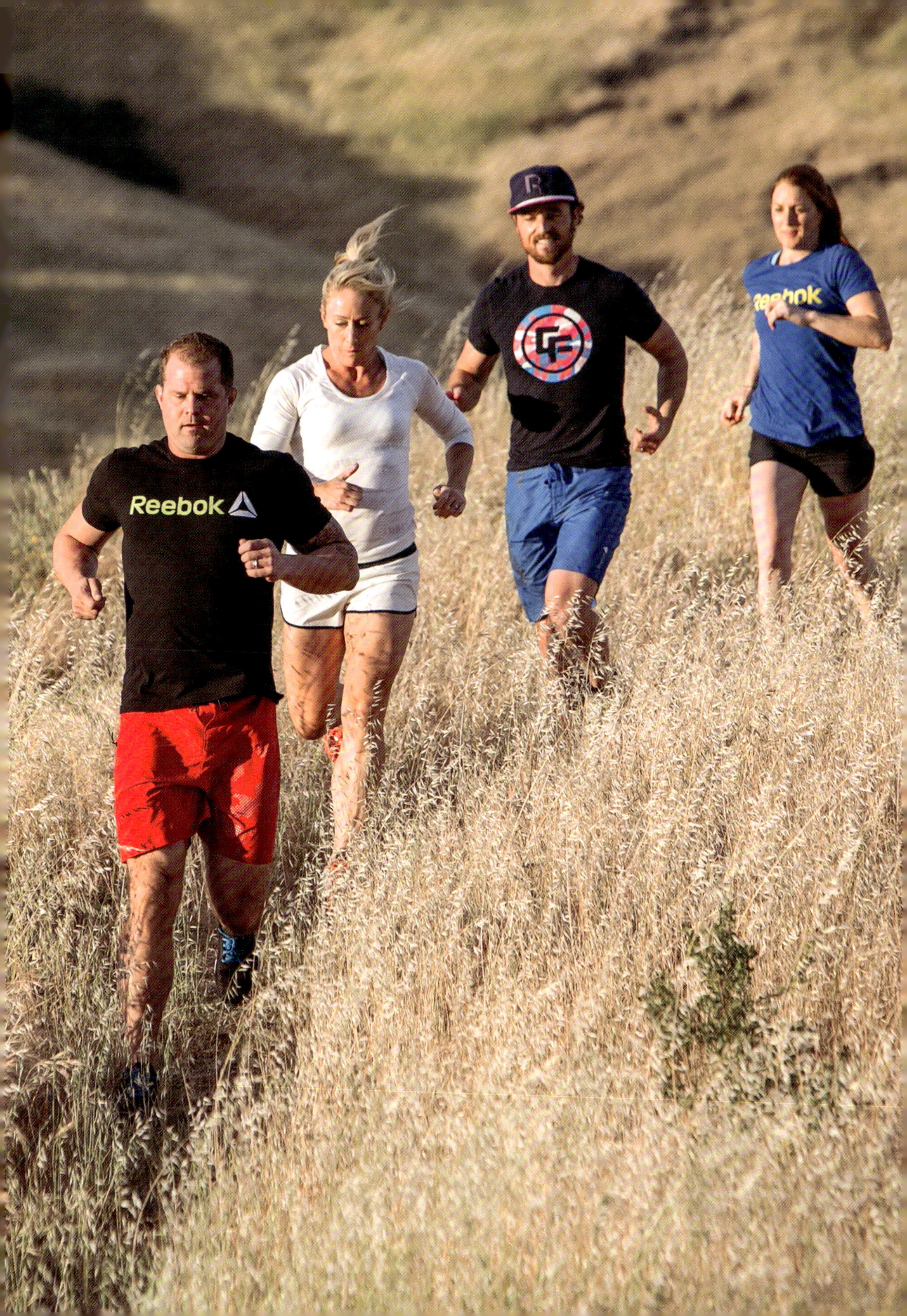
Reebok
Reebok

沙發伸展

沙發伸展是非常有效的技巧，可以打開你的髖關節活動度，並減輕膝蓋上游的僵緊。它能幫助跑者減輕常見的膝蓋疼痛，例如髕骨肌腱炎（又稱「跑者膝」），並有助於緩解髖部與背部疼痛。達到這項標準，將幫助你在跑步時與日常生活中維持良好姿勢。

1 將你的雙腳往後靠著牆壁、箱子或沙發座墊。如果地板太硬，可以在膝蓋的下方放墊子。

2 左腿往後移，膝蓋抵住牆角（交界處），脛骨緊貼牆壁，腳趾朝上。

注意：
記得收緊臀肌（特別是左側），整個鬆動過程都要維持臀肌張力。這可以穩定你的下背，並讓髖關節維持在正確位置。

3 抬起右腿，放在你面前的地板上，脛骨垂直於地板。

秘訣：如果你的肌肉太緊繃、無法做到沙發伸展，可以在身體前方放一個箱子，以降低動作難度。將你的身體重量壓在箱子上，不必擔心腿的擺放位置，如步驟三所示。每天練習，每邊至少維持2分鐘，讓組織逐漸適應，最終目標是不必調整就能完成沙發伸展並達到這項標準。

維持臀肌收緊，髖部前側往地板方向推。維持這個姿勢至少1分鐘。

抬高你的軀幹（臀肌持續出力），進一步伸展你的髖屈肌，再維持1分鐘。

維持軀幹直立，臀肌與腹肌持續出力。

為何久坐有害身體

想要維持良好的髖關節伸展與整體髖關節功能，光靠每天 4 分鐘的活動度訓練（沙發伸展）是不夠的，你需要徹底改變那些傷害身體的習慣。

如果你讀過《天生就會跑》或《我在肯亞跑步的日子》（Running with the Kenyans），便會發現墨西哥北部的塔拉烏馬拉人與肯亞東非大裂谷跑者等自由奔跑民族有一些共同之處。比方說，他們不會坐車去上學或送乾洗衣物，無論去哪都用跑的。想吃晚餐，就得赤腳耕種或追逐獵物。到了晚上，塔拉烏馬拉人還會舉辦啤酒派對，喝酒、跳舞直到天亮，然後隔天繼續在外頭跑步。

讓我們對比一下，美國民眾如何度過日常的一天。首先是坐在早餐桌前吃一碗麥片。接下來，坐車、搭公車或火車通勤上班或上學。在辦公室或學校，基本上就是久坐，中間偶爾起來動一動。接著是下班搭車回家（繼續坐著），然後吃晚餐，最後可能窩在沙發看一、兩集電視節目。

本書試圖傳達的重點之一是：你每坐一分鐘，髖關節就停擺一分鐘，並維持在惰怠的屈曲狀態。久坐會讓你的髖屈肌變短，可用於提升跑步表現的強大力量也會大量流失。

我希望你以戰士的心態來看待每天坐多久。你必須意識到：每坐一分鐘，身體與跑步能力就多一分傷害。盡量少坐，能站就站，甚至可以發動反制。設定好手機或手表計時器，每小時提醒自己起身動個一、兩分鐘。如果非坐不可的話，也要保持正確坐姿，啟動臀肌與腹肌並維持一定張力。

跑者經驗談

你應該知道股四頭肌伸展吧？也就是你跑步期間等紅燈時會做的動作：一隻手扶著電線桿，另一隻手抓住腳尖並彎曲腿部，將股四頭肌拉至髖關節伸展狀態。當然，你可以先做這個動作，然後再認真執行2分鐘的沙發伸展。

「這兩種動作做起來的感覺與效果截然不同」，這句話或許是回應「為什麼要執行鬆動術，而不是伸展就好？」或「鬆動與伸展差別在哪？」的最好答案。沙發伸展（正確執行時）會讓肌肉緊繃的跑者感到極度不適，也能讓你深入探究髖部球窩關節深處的狀況。透過這項運動，你可以將髖關節囊裡的股骨調整到適當位置，且更熟悉髖關節附近的深層組織。股四頭肌伸展做起來容易，但沒太大效果。如果我只能從本書裡選一項活動度運動來做，那肯定是沙發伸展。它解決了我的膝蓋問題。

—T.J. 墨菲

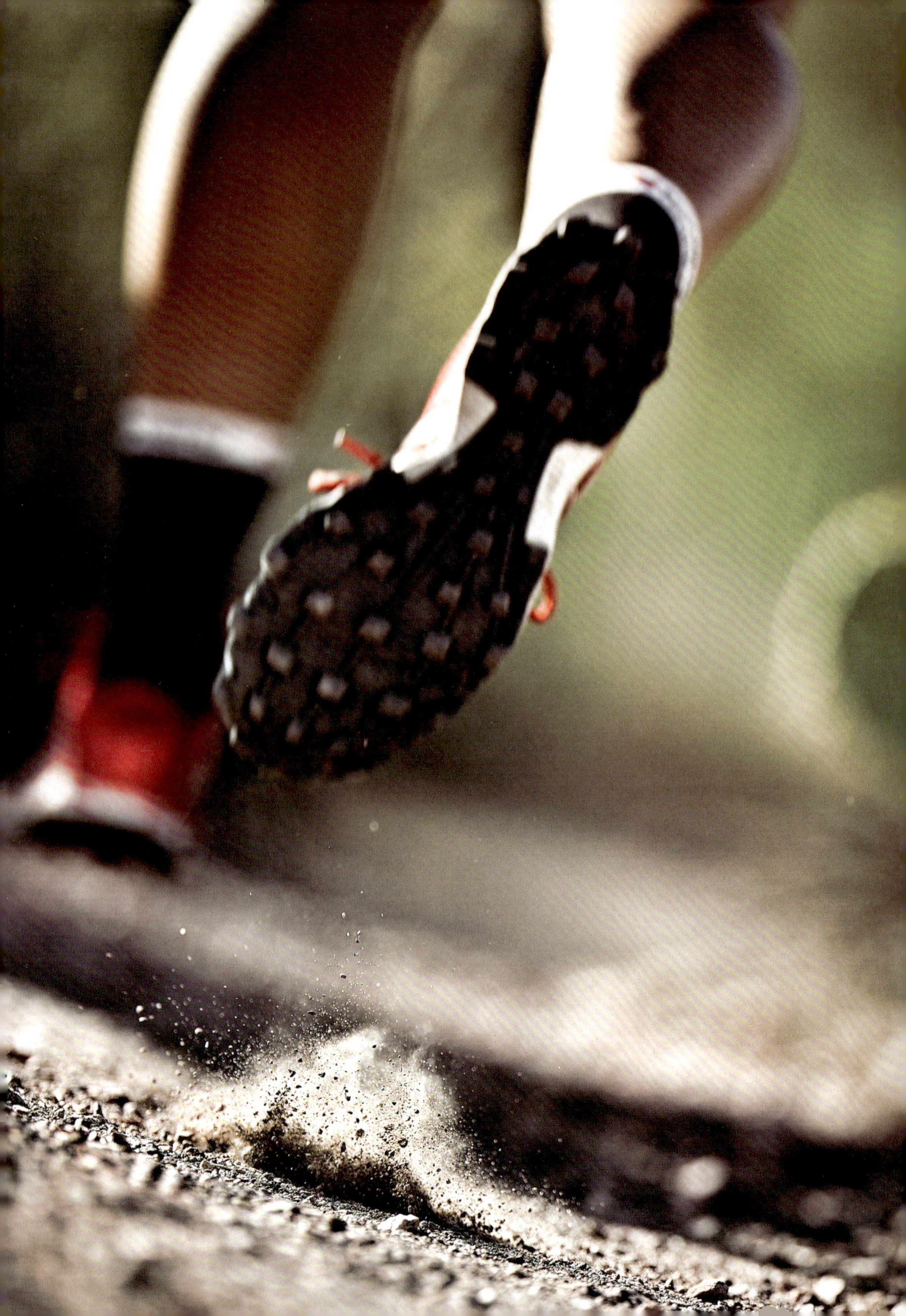

第十章

標準 7：腳踝動作範圍

問題：

你的腳踝活動度正常嗎？

為了達到這項標準，你必須能在負荷身體重量的情況下展現腳踝的正常動作範圍。換言之，你必須能夠做到跪地，以及用任一條腿保持槍式深蹲的姿勢。

主要動機

靈活的腳踝能讓你跑步時維持最佳動作模式，並充分運用彈性結構的回彈力。

針對腳踝動作範圍推薦的活動度運動

你的足部與腳踝擁有驚人的彈簧機制，能夠釋放強大的回彈能量。為了讓它們發揮最大效果，請進行以下鬆動術：

- 足底鬆動術（217 頁）
- 背屈（218 頁）
- 蹠屈強化（219 頁）
- 前髖部按壓（223 頁）
- 沙發伸展（114 頁）

概述

對許多跑者來說，達到這項標準可能是十分艱鉅的挑戰。跑者的小腿長期承受大量衝擊，多數人第一次上瑜珈課時連腳背打直、腳尖向前伸都有困難。腳被身體重量壓到完全蹠屈的畫面，光用想像就覺得痛。大家把這種情況視為跑步日常。但踝關節動作範圍受限不僅會讓你上瑜珈課時皺起眉頭，在跑者身上也會展現出以下各種情形：外八姿勢（詳見第 4 章）、膝關節外翻、足弓塌陷、足底筋膜承受壓力、長骨刺、拇趾外翻，以及足以終結你跑步生涯的傷害（不用多說，你也清楚）。

這個問題對跑者影響極大，我將特別討論跟腱的角色。但在此之前，我希望你把踝關節與周圍的筋膜（結締組織）、骨骼與肌肉視為一個系統來看待。在這個系統裡，足部及足弓的彈簧片機制與小腿骨的關係密切。

阿基里斯腱（經常稱為跟腱）是一條約 15 公分長的肌腱，負責連接小腿後側肌群與跟骨，強韌程度足以將一輛五人座轎車懸吊到半空中。

但長跑選手經常埋頭苦幹，從初春到寒冬不斷累積跑量，導致跟腱退化成慢性肌腱變性（譯按：指肌腱受刺激而變厚、弱化，容易受傷）的情況十分普遍。儘管跟腱十分堅韌，但高跑量與快跑會讓它變得僵緊，特別是當你穿著高落差跑鞋、膝蓋內夾、足弓塌陷，導致跟腱偏離垂直軸線，情況就會更嚴重。

除了跑量外，這些因素也會加重跟腱負擔：

・每日行走約 1 萬步。
・重訓時透過身體系統傳送的任何壓力。

> "阿基里斯腱十分強韌，足以將一輛五人座轎車懸吊到半空中。"

- 長時間穿著高跟鞋所需付出的代價。
- 駝背坐在辦公椅上長達 8 小時，整條後側鏈都狀況不佳。

這些問題累積起來，最終可能導致嚴重的膝蓋疼痛。

你一定聽過「沒有壞狗，只有不好的主人」這句話吧？同樣道理也適用於跑者與其他運動員，特別是在保養跟腱等組織方面。沒有不好的跟腱，只有不會照顧跟腱的人。如果你沒有照顧好腳踝與跟腱，整條動力鏈上下游都可能受到影響。

我希望你努力達到並維持這項標準，成為好的狗主人（妥善照顧你的跟腱與腳踝）。

我之所以鼓勵你達到這項標準（改善腳踝動作範圍），主要是希望你的腳踝複合關節能健康、功能完善且彈性十足。如果你是累積不少跑量的跑者，卻沒有定期保養足部與腳踝，那要達成這項標準可能需要一些時間與耐心。

因此，讓我們從頭開始。我猜想，既然你正在閱讀本書，你的目標應該是：

- 跑得更好。
- 讓跑步成為你訓練計畫的一部分。
- 提升跑步能力，以支持運動表現或職業需求。
- 受傷後恢復跑步。
- 想要享受跑步，終生樂此不疲。

> 沒有不好的跟腱，只有不會照顧跟腱的人。

你就是我寫這本書的理由。請培養良好習慣，每天致力於改善腳踝與足部動作範圍，這能夠協助你實現這些目標。

在跑步圈，大家普遍認為腳踝僵硬、活動受限是跑者需付出的代價。但真正的代價是你的運動表現。如果你的蹠屈（腳背打直）或背屈（腳尖往身體方向屈曲）受限，那你等於是白白浪費了一筆可用於長跑的黃金資產，包括運用你與生俱來的動作模式，以及可轉化為速度與力量的回彈力。

回彈力對於跑者非常重要，讓我用電影《加里波底》（Gallipoli）中我最愛的片段來說明，也就是年輕澳洲短跑選手阿奇（Archy）接受叔叔指導時的對話。

叔叔：你的腿是什麼？
阿奇：彈簧。是鋼鐵做的彈簧。
可以怎樣？
讓我像投石一樣飛越跑道。
你可以跑多快？
跟豹一樣快。
你要跑多快？
跟豹一樣快！
那就讓我親眼目睹！

他說的沒錯，你可以跑得跟豹一樣快。但要是這些彈簧變成限制肢體的止血帶，與如同打上石膏的穩定鞋融為一體，這件事就不可能發生。腳踝動作範圍不佳，也是長期穿著高跟鞋的副作用之一（詳見第五章）。

好消息是：你的組織與關節可以改變，你自己

當然也可以改變。

　　但這不可能在一夜之間發生。想要改變組織與關節，需要持之以恆的努力與關注，可能需要數週甚至數月。靈丹妙藥並不存在。參加假日工作坊最多僅能幫助你走上正確的道路。

　　想達到腳踝動作範圍標準，意味著你必須投入與備戰馬拉松（改變生理機能並提高有氧耐力）一樣的努力。這需要相同的紀律與耐心。

　　你每天至少要花 15 分鐘做關節復位、恢復組織滑動面功能，並改善動作模式。

　　你迫切希望提升運動表現嗎？那每天保養足部與腳踝也得成為你的日常習慣。

　　為了達到這項標準，你必須通過以下 2 項測試。2 項測試都會施加一定負荷，好讓你確切了解腳踝功能。想通過這些測試，髖部功能也必須良好，這是你能獲得的第二項好處。

測試一：背屈

你能進入槍式深蹲姿勢嗎？這是完全屈曲的單腿深蹲動作。

1 一開始採站姿，雙腳併攏。

2 降低臀部的同時，將膝蓋往外推。

3 圓背沒有關係，但腳跟必須貼地。重點在於腳踝屈曲。

臀部降到最低時，準備把右腿往前伸直，進入槍式深蹲姿勢。

這就是完整的槍式深蹲姿勢。請注意：左腿此時處於完全屈曲、腳跟貼地，膝蓋與足部朝向相同方向。

足部塌陷問題。當足弓塌陷時，膝蓋也會跟著內夾。

第十章　標準7：腳踝動作範圍　| 125

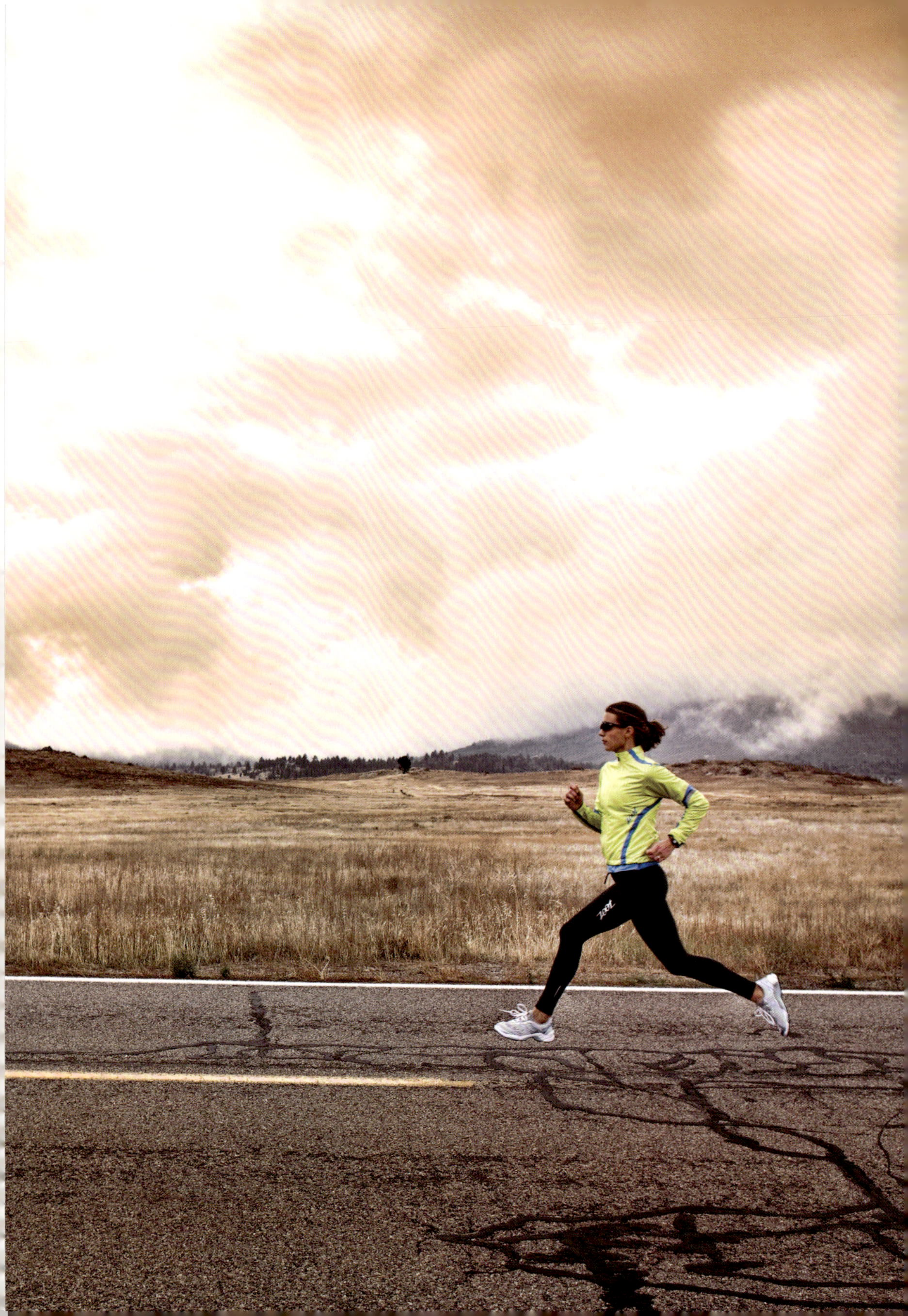

第十一章

標準 8：暖身與收操

問題：
你是否在跑步前暖身、跑步後收操？

即便行程緊湊，你依然得將暖身與收操視為跑步的優先事項，並設法確保自己在每一次跑步時都要做到。

主要動機

許多運動員跑步時經常忽視暖身與收操的重要性，甚至完全跳過不做。但若是每次訓練（包含跑步的訓練）前後都能確實暖身與收操，你將能獲得預防受傷與加速恢復的顯著好處。

針對暖身與收操推薦的活動度運動

徒手深蹲（詳見 92 頁）與跳繩是很有效的暖身運動，能幫助你的關節與組織熱起來。你可以利用收操時間來改善活動度弱項，也可使用下方列出的經典動作來調整身體狀態：

- 沙發伸展（114 頁）
- 髖關節囊旋轉（237 頁）
- 在深蹲姿勢停留一段時間

概述

我們都熱衷於提升運動表現。正是這股狂熱，讓我們在運動中找到熱情與樂趣。在評估自己是否達到這項標準時，請仔細檢視自己：你在訓練時（無論是節奏跑、辛苦的代謝體能訓練或足球比賽）投入的熱情與突破自我的意願，是否同樣體現於暖身與收操。

我幾乎飛遍全球各大洲，在各種運動場域教導運動表現與動作力學，包括各大專院校、CrossFit健身房、職業與國家隊訓練中心與軍事訓練設施等。這些健身房大多有大量泡棉滾筒。在團體訓練開始前，我常看到部分運動員懶散地躺在地上，隨意地使用滾筒，與另一群運動員形成強烈對比，後者暖身的投入程度絲毫不輸給正式訓練。他們跳繩並執行活動度運動，好讓關節與各肌群做好準備以因應當天訓練，並針對自身弱項加以改善。

鐵人三項團隊進行田徑訓練時，也可以看到這種兩極化現象。有些運動員站在內場與朋友閒聊打鬧，等待正式訓練開始。相反地，另一批人積極地練習跑步技巧、執行鬆動術與功能性動作（如跨步蹲與波比跳），以提高他們的組織溫度並啟動循環系統。

訓練不只是運動而已，還包括你如何準備與結束訓練。訓練能夠讓你的身體變得更強壯、速度更快、更耐操，且能夠更長時間維持更高的強度。訓練就是為了讓身體產生這些生理適應。想達到這項標準，你需要思考的不只是「在跑道上完成6組800公尺跑步」，或是「能多快完成經典的CrossFit訓練課表Nancy（400公尺跑步與15次過

> 訓練不只是運動而已，還包括運動前暖身與運動後收操。

頭蹲舉為 1 回合，共 5 個回合）」，而是無時無刻都將自己當成運動員：

・你在一天之中是否適時補充水分？
・你的睡眠是否充足？
・你是否盡量少坐？當你不得不坐下時，是否有安插短時間的活動度運動來抵消負面影響？

　　重點在於每次訓練前要安排時間做適當暖身，並在訓練後進行完整收操。如果你在艱苦訓練中投入大量精力，但事前暖身不足、事後也沒有收操來獲得最大訓練效益，或是兩者做得不夠確實，那你的辛苦付出就無法獲得完整回報。你的身體適應會打折扣，受傷機率也會增加。

　　想像一下：F1 賽車手繫上安全帶後就猛踩油門嗎？肯塔基德比賽馬會的冠軍騎師衝過終點線後，會立刻從馬鞍上跳下來嗎？當然不會。以法拉利 F14 T 賽車為例，賽車手在啟動前會先用外部加熱器來預熱引擎。至於賽馬如何收操？可以參考賽馬雜誌 *Trainer Magazine* 裡的一段文字：

> 收操的目的是逐步降低運動強度，讓血流重新分布，加速排除肌肉裡的乳酸，並透過熱對流與汗水蒸發來降低體溫。若馬匹賽後沒有適當降溫，體內殘存的乳酸會影響表現，特別是短時間內必須再次出賽時。沖冷水可透過傳導作用將熱從皮膚帶走，進而降低體溫。積極收操還能幫助呼吸與心率逐步恢復正常。[14]

14 "The importance of warm-up and cool-down in the racehorse," *Trainer Magazine*, June 27, 2008, accessed via http://trainermagazine.com/ published-articles/2013/8/8/the-importance-of-warm-up-and-cool-down-in-the-racehorse

讓我們將這些畫面與你午休時間跑步做對比。後者時間非常緊迫：你得從辦公室衝去某個地方換訓練服，然後趕到跑步地點，訓練完後再趕回來工作。在這種情況下，肯定得做取捨，而暖身與收操經常是被犧牲的項目。時間成本珍貴，它們理所當然被視為奢侈之事。

這正是現代運動員在後農業／後工業資訊時代所面臨的問題。除了我們安排的一小時訓練外，大多數人過的都是靜態生活，而這樣的生活方式並不符合身體天生設計。從演化與生物學的角度來看，我們的身體是為了長時間行走與大量移動而設計的，目的是讓我們存活下去。但在現代文明中，除了偶爾跑步或去健身房外，我們的身體都很萎靡。無論是辦公、開車、搭公車或吃晚餐，我們都坐著。

你可能很熟悉以下場景：你安排了一場晨跑，起床、喝些咖啡後就上路，你心想「跑一跑身體就會暖起來」。問題是，關節、結締組織與肌肉都還沒開機，你卻試圖以劇烈跑步來暖身，而且身體系統內沒有油在「潤滑」。你可能覺得你可以混過去，但請你仔細思考一下：如果現在是凌晨 5 點，你心愛的法拉利跑車在寒冷的戶外停了一整晚，你會直接發動引擎、猛踩油門，然後認為開上高速公路的這段路程就算是暖車，不至於造成任何傷害嗎？

在訓練結束後，最糟糕的事情就是立刻坐下來，然後長時間坐著。你才剛讓身體承受大量刺激，卻馬上回到桌前坐著。久坐會導致部分肌肉停止收縮，而肌肉收縮的作用是幫助身體系統排出代謝廢物。坐著也會導致恢復機制（攸關訓練適應）停擺。你的血液循環變差，淋巴系統運作也受影響，就像一堆打結的花園水管。

我要表達的重點是：你應該精心照料肌肉、筋膜、韌帶、肌腱、軟骨與神經，至少要像對待賽車或賽馬一樣。

你的時間非常有限。那該怎麼辦？如果你能養成暖身與收操的習慣，已經成功一半了。

暖身

每次你要運動前，先走路幾分鐘促進血液循環。接著，做一些動態、非線性的全身性動作，例如手臂繞圈、跨步蹲與波比跳。花 2 分鐘鬆動主要的動作關節或解決活動度受限問題，可以使用本書第三部介紹的一、兩個動作。另一個有效的方法是快速跳繩。跳繩的好處包括：

・強化你的足部。
・熟悉著地的感覺。
・提升心率並幫助體液循環。
・提高足部內部與腳踝附近的重要軟組織（延伸至小腿）溫度。

收操

不要在高速衝刺時立刻結束運動，像鐵人三項選手迅速換裝那樣淋浴、換上西裝，然後坐在辦公躺椅一整天。相反地，你可以這樣做：把最後半公里跑步改為步行。想像你擁有一匹昂貴名駒，你肯定會十分保護這筆寶貴資產。在走路的同時，你可以順便做一些動作以發揮收操的最大效果，像是腿部擺動、手臂繞圈、軀幹旋轉等。

> "你應該精心照料肌肉、筋膜、韌帶、肌腱、軟骨與神經，至少要像對待賽車或賽馬一樣。"

若你只有一點時間收操，那就這樣吧，這樣已經很好了。如果能再多個 5 分鐘，使用袋棍球、滾筒或其他鬆動工具來改善活動度的話，就更棒了。

然後，其餘時間盡量多喝水、多活動，別整天坐著。遠離椅子！如果一定要坐著的話，別忘了經常起身，並執行穩固步驟（詳見第 65 頁）來重新調整姿勢。有空的時候，就做一些活動度運動。

以下是一些不錯的收操。我建議你做 10~15 分鐘，但如果你只有 5 分鐘的話，那就做 5 分鐘吧！

- 用划船機輕鬆練個 10~15 分鐘
- 在家附近悠閒地騎自行車
- 散步（如果可以的話，請赤腳走路）
- 挑幾個徒手訓練動作來做，例如跨步蹲、開合跳、手臂繞圈與腿部擺動

暖身與收操的靈活調整

在暖身與收操這方面，最後再提醒一點。你可能早就知道，但還是有必要強調：當訓練強度增加時，暖身與收操的時間也應該拉長。

假設你的訓練內容是 6 組 800 公尺跑步，配速為你的 5 公里比賽速度。這對你的身心帶來極大挑戰。要應對第一組的強烈負荷，你的身體系統需要 30~45 分鐘的充分暖身。如果你是年長跑者，或過去傷病紀錄令你不願回想，那暖身時間盡量拉長一點。你可以像短跑選手一樣暖身。短跑選手的比賽時間可能僅有 10~20 秒，但他們的暖身與收操時間很長並講究細節。優秀的短跑選手深知如果沒有徹底、完整的暖身，以及如同汽車冷卻液功能的收操，

> 訓練強度增加時，暖身與收操的時間也應該拉長。

他們就無法全力衝刺。

請記住這個重要的原則：比賽持續時間與暖身時間成反比。比賽持續時間越短、對速度與爆發力的要求越高，暖身時間就應該越長。以 CrossFit 為例，與 Murph 訓練課表相比，準備進行 Fran 等高強度訓練的運動員應該花更多時間暖身。[15] 同樣的道理，平地馬拉松所需的暖身時間，與 5 公里崎嶇地形的越野跑也大不相同。

針對高強度的艱難訓練，暖身與收操時間最好都要在 5 分鐘以上。更理想的做法是：任何高強度無氧運動的暖身與收操都各安排 20 分鐘。

---

[15] Fran由21-15-9次的火箭推與引體向上組成。全球最頂尖的CrossFit運動員能在2~3分鐘內完成。Murph則包含1.6公里跑步、100次引體向上、200次伏地挺身、300次深蹲，最後再跑1.6公里，全程要穿著9公斤重的負重背心，多數運動員至少需要花1小時才能完成。

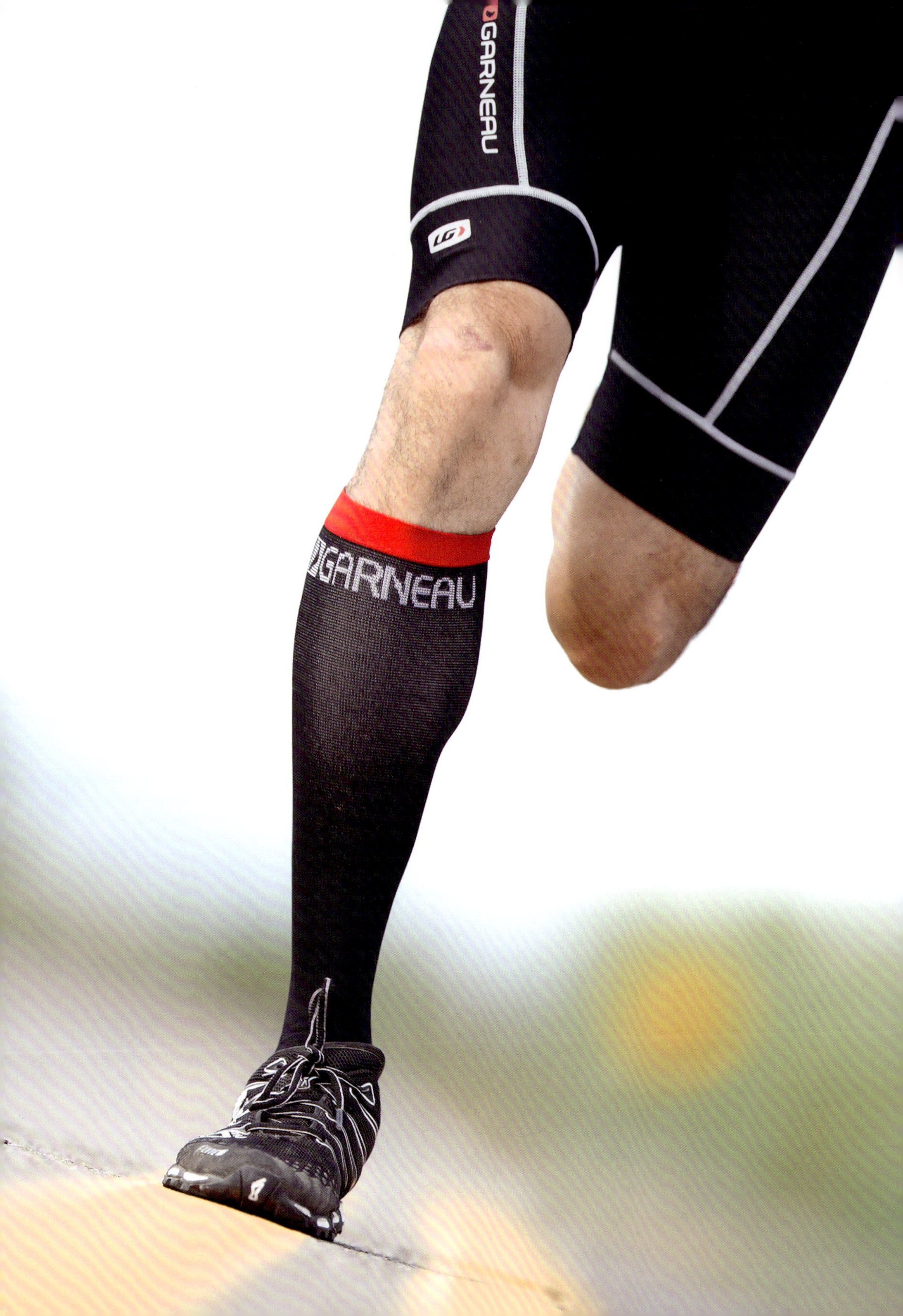
GARNEAU
GARNEAU

第十二章

標準 9：穿著壓力襪

問題：

你有穿壓力襪嗎？

過去五十多年來，針對需促進血液循環的患者，醫生通常會建議使用壓縮產品。第一雙壓力襪可能是為了靜脈曲張患者而設計，但這並不代表壓力襪無法造福身為運動員的你。

主要動機

壓縮是一種相對簡單與有效的方法，可以協助身體循環與淋巴系統修復疲勞的組織。

概述

這項標準沒有太多細節。歸結起來只有一個重點：你是運動員。美式足球隊「綠灣包裝工」的先發外接手也是運動員。這名外接手在全球頂尖訓練團隊與市面上最新恢復技術的幫助下，得以從日常訓練、練習與賽場頻繁碰撞中迅速復原。你沒有這樣的訓練團隊，但跑步依然會對身體造成衝擊（當然，程度無法與NFL球員相比，但畢竟還是衝擊）。但你絕對負擔得起一樣東西，那就是壓力襪。穿壓

> 壓力襪對你有幫助。去買一雙吧，然後盡可能常穿、持續穿。

力襪不需要很多時間，也不會花太多錢，而且真的有效。你有各種事情要忙，可能沒時間或沒預算每週按摩，但壓力襪對你有幫助。去買一雙吧，然後盡可能常穿、持續穿。

想像以下情境：經過9個月的訓練，準備參加紐約馬拉松的你搭乘757班機，要從亞利桑那州鳳凰城飛往紐約約翰‧甘迺迪機場。你擠在靠窗座位，把夾克揉成一團，靠在機艙壁上當枕頭，試著小睡一下。當你起身準備下飛機時，感覺自己像是剛從車禍現場被拖出來一樣。過了好幾個小時，雙腿才慢慢恢復感覺。

比賽於隔天早晨展開，起點是韋拉札諾海峽大橋。你與約4萬8千名跑者一起參加比賽，你穿過紐約五大行政區，跨越中央公園終點線，順利跑完42.2公里。接著是慶祝活動，最後，你手上多了一杯瑪格麗特雞尾酒。

隔天，你又擠進另一架飛機的靠窗座位，飛機爬升至巡航高度，準備將你帶回家。你的雙腿因42.2公里的賽程仍在抽痛。但比賽結束就可以不管了嗎？

我相信你已經注意到，如果你是這名跑者，你的身體已飽受折磨。大多數的運動員都知道，搭飛機會加速身體脫水，因此最好攜帶水瓶（最好在水裡添加一小撮鹽，詳見162頁），並在途中盡可能起身活動，以幫助血液與淋巴系統循環、促進物質進出細胞並在細胞周圍循環。

根據我的觀察，即便是紀律嚴明的運動員，遠征比賽時也經常忽略身體組織需求與體內化學平衡。回應這些需求不僅能讓你隔天恢復得更好，也能為長期進步打下基礎。比賽對你的身體組織造成

極大衝擊，此時你應該更重視營養與水分的補充、多活動、按摩、用滾筒鬆動，並充分休息，讓身體系統好好修復。

有些運動員在日常生活中無法維持這種紀律。比方說，早上跑完步直接趕去上班，然後一整天坐著，這是最糟糕的事（你應該已經發現，這一點一直在本書反覆出現）。為什麼呢？因為久坐會導致淋巴系統停擺，身體細胞停止清理與修復。

我理解你的難處，你的時間就只有那麼多，擠出一小時跑步並不容易。此標準旨在幫助時間緊迫的跑者，而且執行起來非常簡單。

請善用壓力襪。想辦法盡量每天都至少穿一段時間。

關於「跑步時穿著壓縮衣物是否有效」的問題，目前仍有不同看法。但沒有任何有效論證反對每天運動後或搭機時穿著壓力襪，壓力襪在這兩個時間點能發揮最大功效。

你可以在自家附近的跑鞋商店或網路上購買一雙壓力襪，價格約 25 美元，絕對值得。使用方式很簡單，跑步後或登機前穿上即可。當然，你也可以穿整條緊身褲或其他壓縮衣物，但這項標準的重點是養成穿壓力襪的習慣。你可以穿在商務休閒服下面，不用擔心壓力襪讓你看起來不時尚（如果你選擇勃肯鞋搭配壓力襪，就只能後果自負了）。

馬拉松比賽後要搭長途飛機？建議你盡可能穿上手邊能取得的所有壓縮衣物。

事實上壓縮衣物是你彈藥庫裡最重要的武器，也是下一項標準（消除組織敏感點）的核心要素。

跑者經驗談

像壓力襪這樣的恢復技術竟然存在爭議，實在有些奇怪。科學研究已證實：在休息狀態下穿著壓縮衣物能夠改善血液循環，進而縮短訓練的恢復週期。[16] 伯恩（Belinda Byrne）的研究建議，跑者應慎選壓力襪，壓力值 20mmHg（譯按：毫米汞柱，壓力的單位）促進血液循環的效果最佳。

儘管部分人批評壓縮服飾，但毫無疑問地，許多跑者、三鐵選手與 CrossFit 運動員都在使用。雖然稱不上正式研究，但我每年飛越太平洋去採訪夏威夷鐵人三項比賽時，發現機上穿著壓力襪的三鐵選手比例不斷上升（三鐵選手非常容易辨識，特色是太陽眼鏡、賽事 T 恤、鐵人刺青、隨身行李裝著自行車輪組，以及男生會刮腿毛）。三鐵選手向來勇於嘗試新技術，自行車的氣動把手便是其一（儘管外觀看起來有些滑稽）。

我現在還多了一個穿壓力襪的時機，那就是在包含跑步的高強度訓練結束後立即穿上。在間歇跑或長距離賽事後，我的小腿經常抽筋，感覺就像有人用彈簧刀猛刺我的腓腸肌。只要能預防這種疼痛，無論是營養補充、活動度運動或是各種恢復技術，我都願意嘗試。

—T.J. 墨菲

---

16 Belinda Byrne, RN, "Deep vein thrombosis pro-phylaxis: The effectiveness and implications of using below-knee or thigh-length graduated compression stockings," *Heart and Lung* 30 (2001), 277-84.

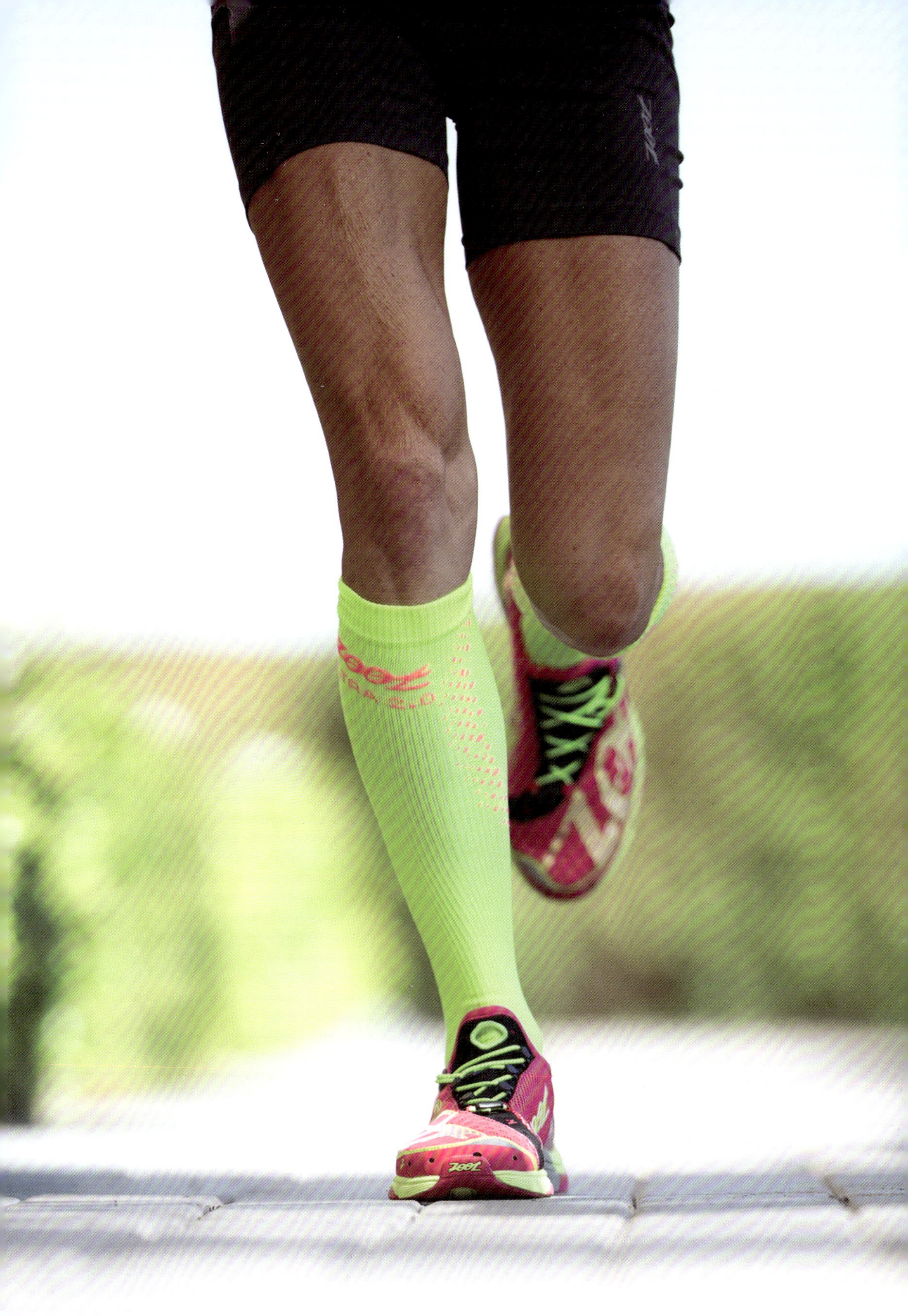

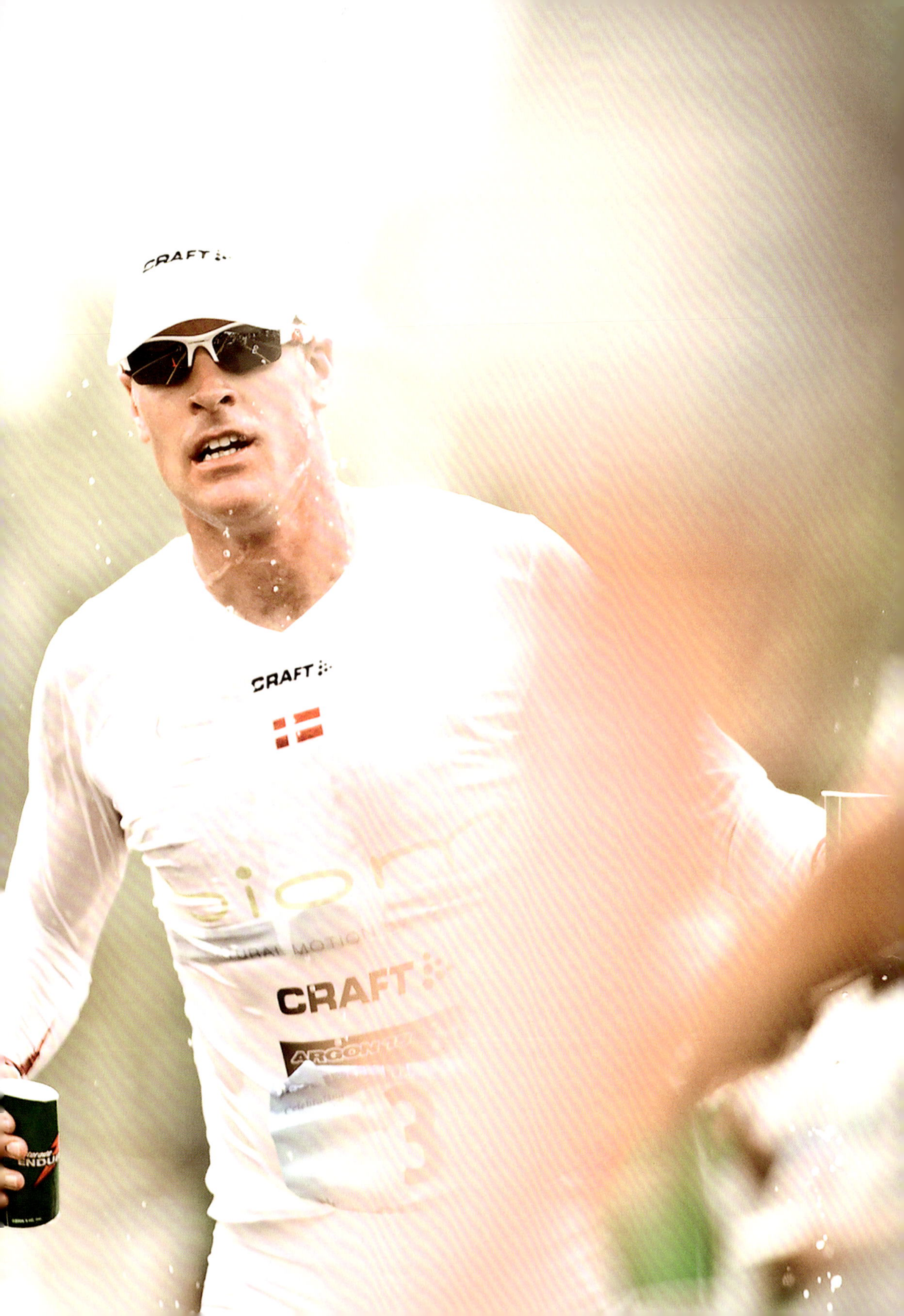
CRAFT
CRAFT
CRAFT

第十三章

標準 10：消除組織敏感點

問題：

你的身體毫無疼痛點嗎？

當你的日常身體保養都做到位，而且沒有任何發炎或感覺不對勁的肌肉與關節，那你就準備好跑步了。

主要動機

持續跑步是這項標準的核心動機。換言之，你可以早上出門晨跑，而不必只能在家邊讀報邊騎健身腳踏車。身體疼痛或受傷還硬撐跑步，絕對會帶來負面影響，可能加劇傷害或磨損身體。消除這些組織敏感點的好處是，你現在與未來都能盡情享受跑步的樂趣。

概述

試著想像一下以下場景：你展開一項為期 6 個月的馬拉松訓練計畫，目標是取得個人最佳成績，如今訓練來到第三個月。你一直非常努力，訓練涵蓋長跑、快跑，甚至參加一些 5 公里與 10 公里賽事來調整狀態。

一切都非常順利。你的比賽成績不斷進步，長跑速度越來越快。但你開始注意到，身體出現一些惱人的小疼痛。你的左腳跟在跑第 1 公里期間開始灼熱，右髖深處在跑步結束後仍持續抽痛。

過了幾個星期，疼痛沒有消退，反而加劇。情況越來越嚴重。你開始考慮是否轉換成交叉訓練模式，或是穿上浮力背心，在游泳池練習枯燥的水中慢跑。

在你所屬的跑步俱樂部裡，有一位超馬明星。提到超馬，許多人第一個聯想到的是 80.4 公里的跑步、161 公里的越野賽事，或是 217.2 公里橫越死亡谷的大熱天賽程。這位超馬神人不僅參加過這些比賽，還會每年參加一場為期 6 天的賽事。比賽鳴槍後，6 天內累積最多里程者獲勝。他是這些賽事的常勝軍，因此你推斷（非常合理）他肯定懂得如何對抗傷痛。訓練期間週跑量高達 260 公里，然後連續 6 天每天跑超過 177 公里並贏得比賽的人，必定知道該如何避免受傷。因此，當你與他在一家跑鞋商店偶遇時，你問道：

「在因應受傷方面，你有什麼建議嗎？」

這位超馬跑者以絕地大師般的眼神望著你，然後開口說道：

「我無法給你什麼建議，可能要問別人。」

他解釋道，他之所以能夠克服傷痛，很大一部分是因為他很會忽略傷痛。換句話說，他忍著痛在跑步。

這聽起來是不是很熟悉？當你嘗試達到這項標準時，首先必須知道的是：一般跑者很能忍受不舒服。這確實像是絕地武士的超能力：你在馬拉松比賽已跑了 37 公里，還剩下最後 5 公里，此時的你

已處於 in extremis（極限狀態，拉丁語的原始意思是「瀕臨死亡」）。你不僅得繼續前進，還得強忍痛苦，在永遠跑不完的 5 公里路維持目標配速。你已經只靠意志在撐。

但這項能力背後有一個缺點：跑者與其他運動員經常利用這項武器來對抗比賽與高強度訓練的不適，而這使得他們產生一股固執的內在力量，刻意忽視身體深處的損傷警訊。

你有腳跟痛的問題？膝蓋不穩定？或是臀部有刀刺般的疼痛？這可能是某種力學問題或功能障礙，亟待你處理。

你可以忍痛繼續跑嗎？短時間沒什麼問題。無論你提出什麼需求，身體都會想辦法達成。以《星艦迷航記》做比喻，若你是寇克艦長，那身體就是總工程師史考特先生與企業號。即使星艦在戰鬥中嚴重受損，若你要求史考特提供更多能量並讓你維持超光速飛行，他也會臨時組建一些能量通道，儘管這有可能導致嘎嘎作響的太空船瀕臨爆炸。

但當你無視傷痛強行推進時，身體也會啟動故障保護機制，也就是罷工不幹。前面提到的 6 日超跑冠軍便曾發生這樣的事。他的梨狀肌嚴重腫脹並壓迫坐骨神經（深層臀部疼痛，可能蔓延至腿部），他低著頭強忍，想要繼續跑下去，但身體不聽使喚，後來有很長一段時間無法跑步。

在所有歸類為耐力的運動裡，強忍疼痛並將此視為榮譽的文化早已根深蒂固。當運動挑戰變成能忍受多少疼痛時，跨越底線就成了常態。經年累月地忍痛跑步，可能導致毀滅性後果。比較嚴重的例子包括腳踝腓骨肌腱開刀、手術移除磨損的膝蓋軟骨，以及人工髖關節置換。

> 當你無視傷痛強行推進時，身體也會啟動故障保護機制，也就是罷工不幹。

4. 跑者針對問題區域的上下游執行鬆動術。這做起來非常簡單，也就是按照本書第三部列出的內容，針對疼痛點的上下方組織進行活動度運動。每項鬆動術至少執行 2 分鐘。比方說，如果疼痛點在膝蓋，那就對小腿與大腿執行鬆動術。

使用巫毒推拉帶擠壓處理傷害

擠壓法不僅是協助恢復的工具，也是處理扭傷或關節腫脹的動態輔助方法。使用得當的話，能夠恢復動作範圍，並消除組織間滑動面的沾黏。

舉例來說，你的腳跟疼痛發炎。本書核心理念是希望你找出背後的力學問題，並從根本上解決問題。處置措施可能包括以下幾點：

・恢復足部與足弓力量。
・改穿並逐漸適應平底鞋。
・改善你的姿勢。
・改善後側鏈力量傳輸。

但腳跟問題也需要立即處理。我希望你在疼痛點的上下方進行深層擠壓。

我稱之為「巫毒」，是因為這種技巧可以透過許多方式（如下所述）來處理腫脹關節或損傷肌肉，你可能不明白作用原理，但做了就會知道很有效。

巫毒推拉帶擠壓的功用包括：

・恢復滑動面功能，原理是能產生強大的滑移力，解開這些沾黏的滑動面。
・恢復關節動作範圍。

- 讓血液湧入組織。當你鬆開束帶時，血液會帶著營養物質湧入組織。這對平時不易獲得大量血流的結締組織特別重要。
- 消除腫脹並恢復關節功能。關節腫脹會壓迫神經末梢（變得遲鈍），導致本體感受器無法正常傳遞訊息。關節運作機制也會受到影響。巫毒推拉帶擠壓能將腫脹推回淋巴系統。

巫毒推拉帶擠壓技巧

先提醒你一件事，巫毒推拉帶擠壓不會像瑞典式按摩那般舒服，反而會帶來不適感。但請用常理來判斷：感覺不對勁，就是不對勁（譯按：指「不適感」與「擠壓不當帶來的疼痛」還是有差別的）。

你可以使用巫毒推拉帶擠壓來處理剛出現的組織敏感點，基本方法如下：

1. 從組織敏感點下方幾公分開始纏繞。
2. 將束帶往心臟方向包。比方說，如果你要包裹膝蓋，就從膝蓋下方開始纏繞。
3. 上下層帶子重疊約 1 公分。
4. 纏繞問題區域時施加約 75% 的張力。問題部位的上下方區域則施加約 50% 張力。
5. 纏到快結束時，留一些空間以綁緊束帶。
6. 纏好後，立刻開始活動關節或整條肢體，執行完整動作範圍。
7. 如果包覆部位開始發麻或有針刺感，就把帶子解開。整個過程僅約 2 分鐘。
8. 拆除束帶後，如果發現皮膚顏色和屍體一樣蒼白，請不要驚慌。隨著血液回流，皮膚顏色會逐漸恢復正常。

如果你使用巫毒推拉帶擠壓來恢復滑動面功能，每天纏繞 2~3 次就算很多了。

如果你是用來消除腫脹的話，每天可以進行 5~10 次。

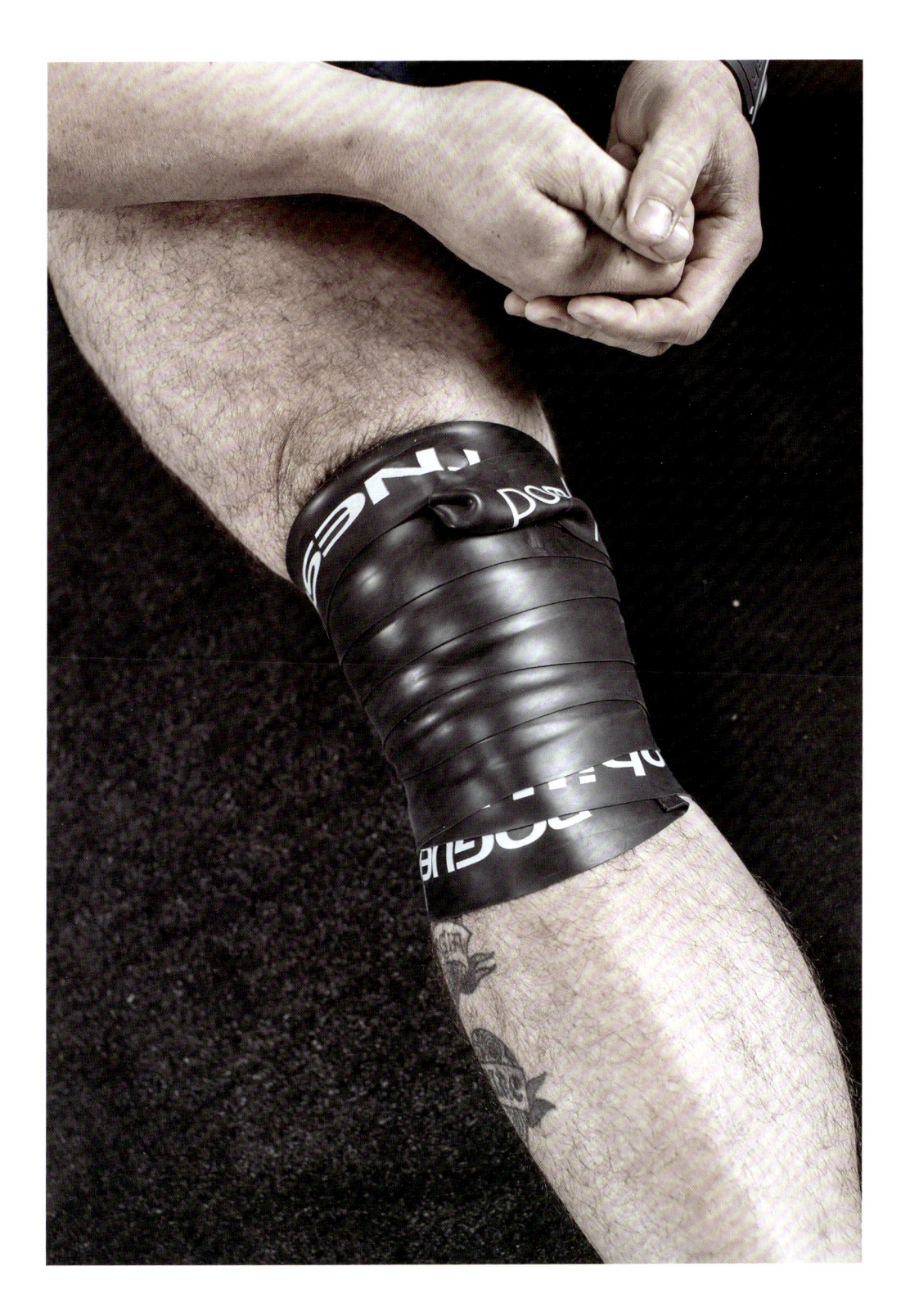

第十三章　標準10：消除組織敏感點 | 151

巫毒推拉帶擠壓範例 1：跑者膝

　　這一系列圖片示範了如何使用巫毒推拉帶來處理常見的「跑者膝」發炎與髕骨下方疼痛。如前所述，從膝蓋下方開始纏繞，往心臟的方向包覆，上下層重疊 1 公分，並施加約 75% 的張力。在患部上方打結，然後腳背交替打直與屈起，用推拉的動作處理組織，時間持續 2 分鐘。

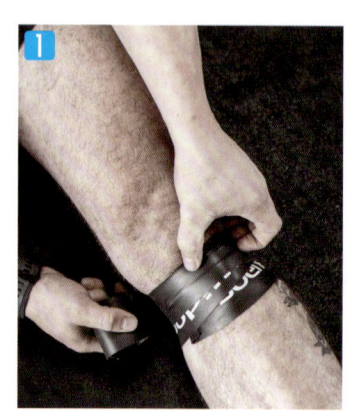

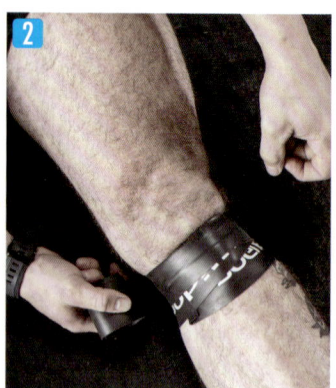

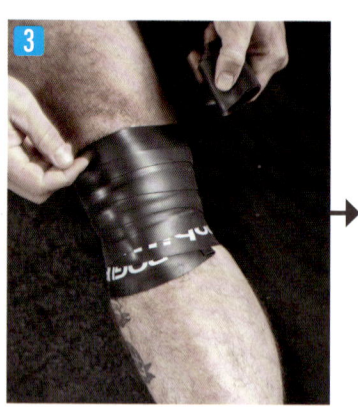

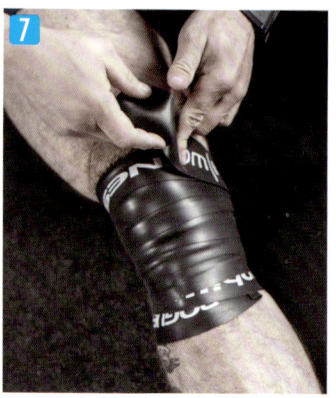

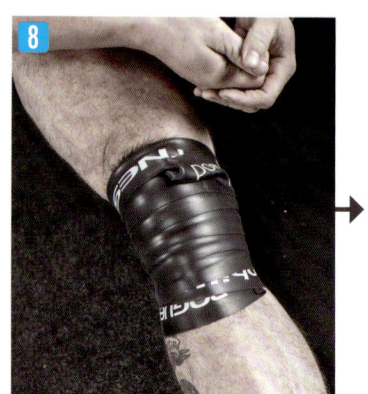

第十三章 標準10：消除組織敏感點 | 153

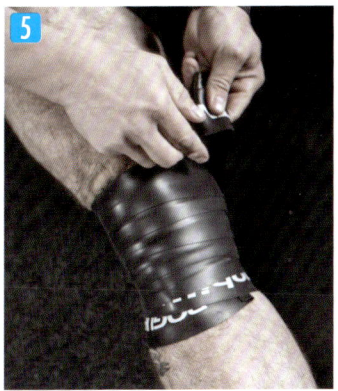

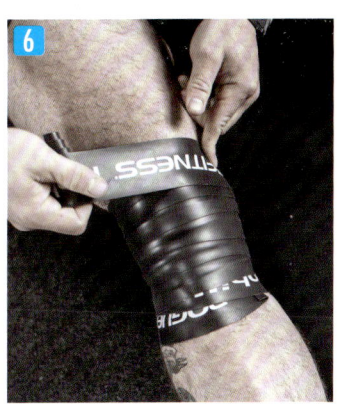

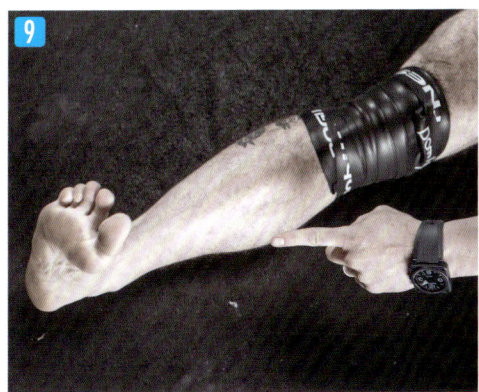

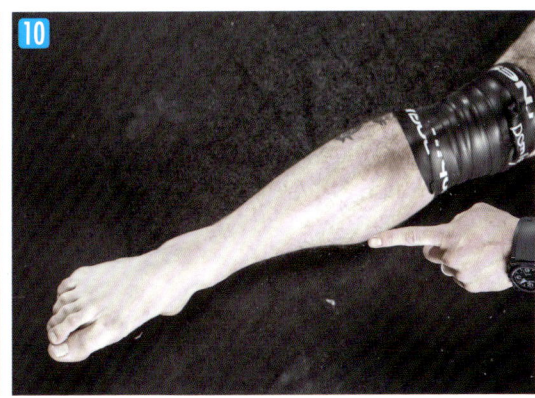

巫毒推拉帶擠壓範例 2：髂脛束疼痛

下方圖片示範了如何使用巫毒推拉帶來處理惱人的髂脛束疼痛（膝蓋外側或髕骨上方疼痛）。纏好後，開始深蹲，來回推拉你的關節、大腿後側肌群與股四頭肌。可使用支撐物來幫助自己蹲得更深、更好。

第十三章　標準10：消除組織敏感點 | 155

巫毒推拉帶擠壓範例 3：大腿後側肌群疼痛

針對令人困擾的大腿後側肌群慢性撕裂傷，請將束帶纏繞在疼痛區（大腿後側肌群）的中間位置。

巫毒推拉帶擠壓範例 4：跟腱區域

按照圖示纏好腳踝後，屈曲與伸展足部來推拉組織。你會感覺到束帶快速滑過這些滑動面組織。

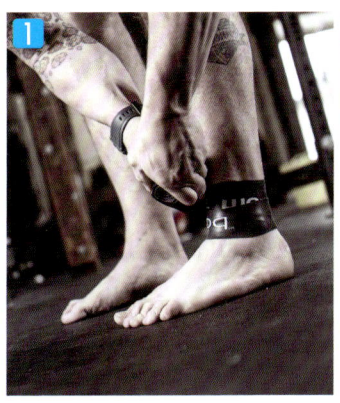

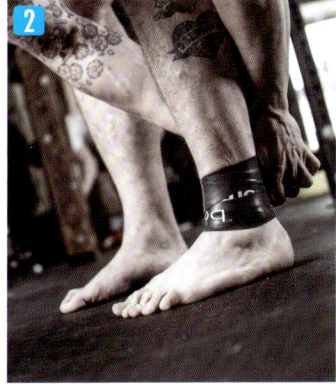

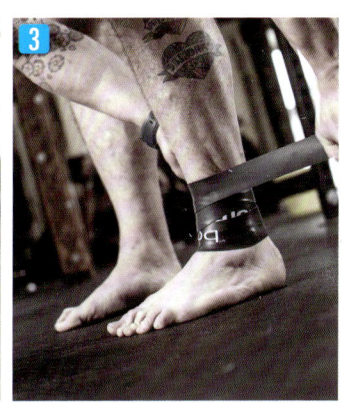

第十三章　標準10：消除組織敏感點 | 157

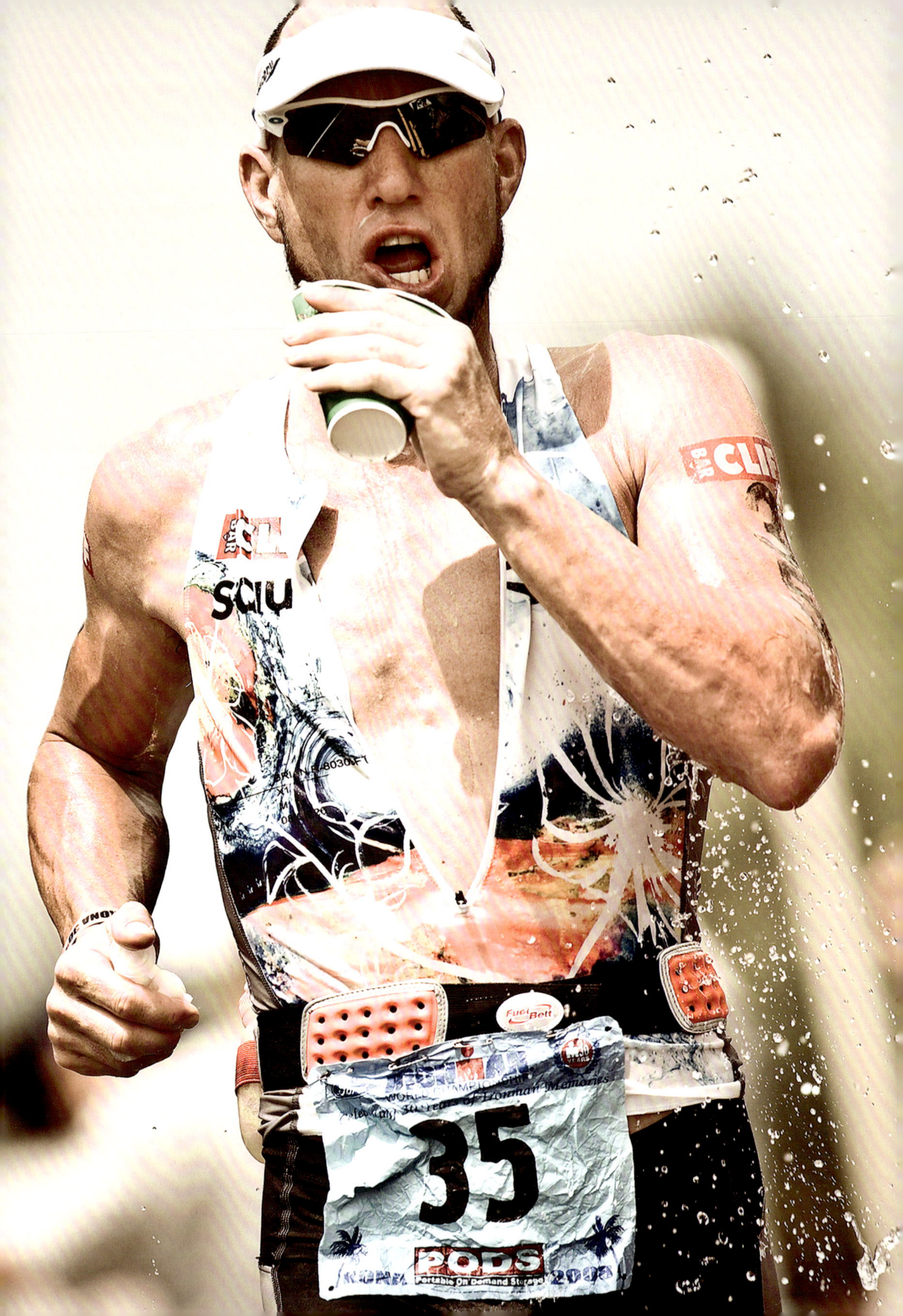
CLIF
Fuel Belt
35
PODS
Portable On Demand Storage

第十四章

標準 11：補充水分

問題：

你的水分補充足夠嗎？

你每天都要密切注意自己身體的補水狀況。達成這項標準意味著每天要攝取至少 2~3 公升的水分。如果不是搭配食物喝水，你可以添加電解質來幫助吸收。

主要動機

辛苦訓練的運動員必須確保身體水分充足，原因有好幾個。未達到這項標準（飲水不足），你的最大攝氧量（衡量身體能夠利用多少氧氣來維持跑步力量輸出的指標）最多可能減少 11%，關節與組織滑動面功能也會受到影響（高強度訓練令兩者承受極大的摩擦壓力）。這還只是剛開始而已，但讓我們先強調以下兩點。只要你喝足夠且正確的液體：

・你將能完全發揮巔峰耐力。
　以及
・重要的跑步肌肉與結締組織不會乾得像露營用的火種。

概述

作為跑者，你承受不起脫水的代價。當你的身體總含水量不足時，體內可循環的血液也會變少。當循環的血液減少時，身體輸送氧氣與營養至組織的能力就會變差。作功肌肉獲得的氧氣變少，運動表現自然受到影響。

水對於身體的體溫調節系統至關重要。普通人每天因呼吸、流汗與排尿流失近 3 公升的水分。其中約 3 杯水是從腳底流失（沒在開玩笑）。再加上跑步的話，這個數字只會往上增加。

讓我們討論一下你的組織。你天生擁有這些厲害的組織，它們共同合作推動你完成長距離跑步。你可以採取許多方法來照顧、修復與強化它們，而這一切始於補水。除了個別細胞內的水分為粒線體提供產生能量所需的水性環境外，細胞之間也有組織間液，水分也關乎電解質的各種平衡與調節。

我不斷強調維持良好滑動功能的重要性，特別是在關節四周。具體來說，我指的是各種組織（皮膚、神經、肌肉與結締組織）的運作方式。你的神經能滑過肌肉嗎？皮膚能否在骨骼上滑動？相關組織能順暢地滑動與相互滑移嗎？脫水是導致這些組織黏在一起的因素之一，進而限制腳踝等重要部位的動作範圍。

接下來，讓我們談談你的關節，以及關節之間的軟骨。當軟骨水分充足時，關節就能滑動。相反地，當軟骨脫水時，關節就容易磨損。如果你想擺脫類風濕關節炎疼痛，你知道最好的起點是什麼嗎？那就是多喝水與多活動。

對於耐力運動員來說，補水不僅是為了減輕炎

熱天氣帶來的影響。這與他們如何訓練以及如何消化這些訓練息息相關。

你沒聽錯。在體內循環與運動表現方面，水就像是智慧型炸彈。水能溶解、循環流動與移除廢物。水是你體內的溶劑，如同水是海水的溶劑。酶促反應發生於你體內的水性環境，水則是身體透過血液與淋巴系統輸送抗體、蛋白質、營養素、荷爾蒙與氧氣（非常重要）的基礎。

1996年，《生物化學》期刊刊登了一篇文獻綜述[17]，詳述脫水狀態下會發生的惡化。缺水的肌肉細胞無法正常代謝蛋白質與其他營養素，也無法適當自我重建。電解質平衡會被打亂，而控制胺基酸穿越細胞的電化學反應也會變慢。長期脫水會使你失去能量與肌肉。

如果你體內的環境如同加州乾旱，身體就會開始實施水分配給。你的大腦與身體會不斷執行各種調節機制，並依據水分供應狀況與優先次序進行某種形式的分配調度。如果你的身體處於水分與電解質不足的狀態，大腦就會開始拆東牆補西牆。比方說，一旦施行水分配給，新的骨髓生成時，就會優先獲得水分，關節軟骨則得不到應有的供給。電解質不足時，也會出現類似情況。

接著還有運動表現大幅下滑的問題。當你的身體總含水量從最佳值降低了2%，最大攝氧量可能下降最多11%。這是因為在脫水狀態下，你的血液將變得更黏稠，輸送的氧氣變少。此外，當你的身體總含水量不足時，體溫調節系統就必須更努力維持正常體溫，肌肉收縮能取得的水分也變少。換言之，更多血液流向皮膚，流向肌肉的血液變少。

請隨時注意自己的補水狀況，也就是遵守先前

> 在體內循環與運動表現方面，水就像是智慧型炸彈。水能溶解、循環流動與移除廢物。

17 "The role of cellular hydration in the regulation of cell function," *Biochemistry Journal* 313 (1996), 697-710.

> 建議你每天至少要喝 2~3 公升水，最好大部分或全部的水都添加電解質。

提到的「全年無休」原則。我建議每天至少要喝 2~3 公升水，這是最基本的標準。如果沒有喝到這個量（最好大部分或全部的水都添加電解質），那代表你並未達到這項最簡單卻又最重要的標準。

在水裡加一點鹽

運動生理學家兼補水專家、Osmo 公司創辦人西姆斯（Stacy Sims）博士表示，運動員補水時經常不小心犯下一個大錯。他們不斷在飲水機前裝滿自己的寬口鋁瓶，結果發生兩件怪事：他們上廁所的次數暴增，且依然感到口渴。

西姆斯博士表示，這顯示了他們的身體並未充分吸收水分。即便你的尿液看起來很清澈，你也可能處於脫水狀態。西姆斯指出，解決方法就是加一點鹽。水瓶裝滿水後，請加入一點鹽，如此一來，你的消化系統就能更有效地將水分吸收到組織裡。

但進餐時的做法不太一樣。加點鹽吃下去（正如西姆斯博士所說，「加點含碘食鹽就可以」），再喝一些純水，就那麼簡單！也要多吃一些含水量高的水果與蔬菜。但如果你空腹大量飲水，就應該加入一小撮鹽。

增添風味

你只需要在桌上那瓶水裡加入一小撮含碘鹽，就能幫助身體吸收水分。只要 1.5 美元就能買到約 737 公克的食鹽，它能幫助你在補水旅程上走很長一段路。

若你想要更多口味或更方便的選擇，可參考以下方案。研究結果顯示：水的口味越豐富，你就可能喝下更多（詳見下一頁 T.J. 墨菲所寫的〈跑者經驗談〉）。你可以親身實驗這個理論。

- Nuun 補水錠：Nuun 是現成含糖運動飲料替代方案的第一品牌。這些補水錠在許多跑鞋商店都有販售，而且口味多元。特別推薦 U Natural 與 All Day Hydration 系列。
- Nutriforce Sports Balanced 補水粉：（註：我協助研發配方）除了各式電解質之外，這款粉末還添加了 Sustamine（由特定胺基酸組成的二胜肽，可提升吸收效果）。
- Camelbak Elixir 補水錠：原本是設計來搭配該公司生產的水袋，但你也可將補水錠直接丟入 680 毫升的水裡。
- Osmo Nutrition 公司：這是西姆斯博士創立的公司。她調整部分產品，以滿足男女在補水與吸收方面的不同需求。

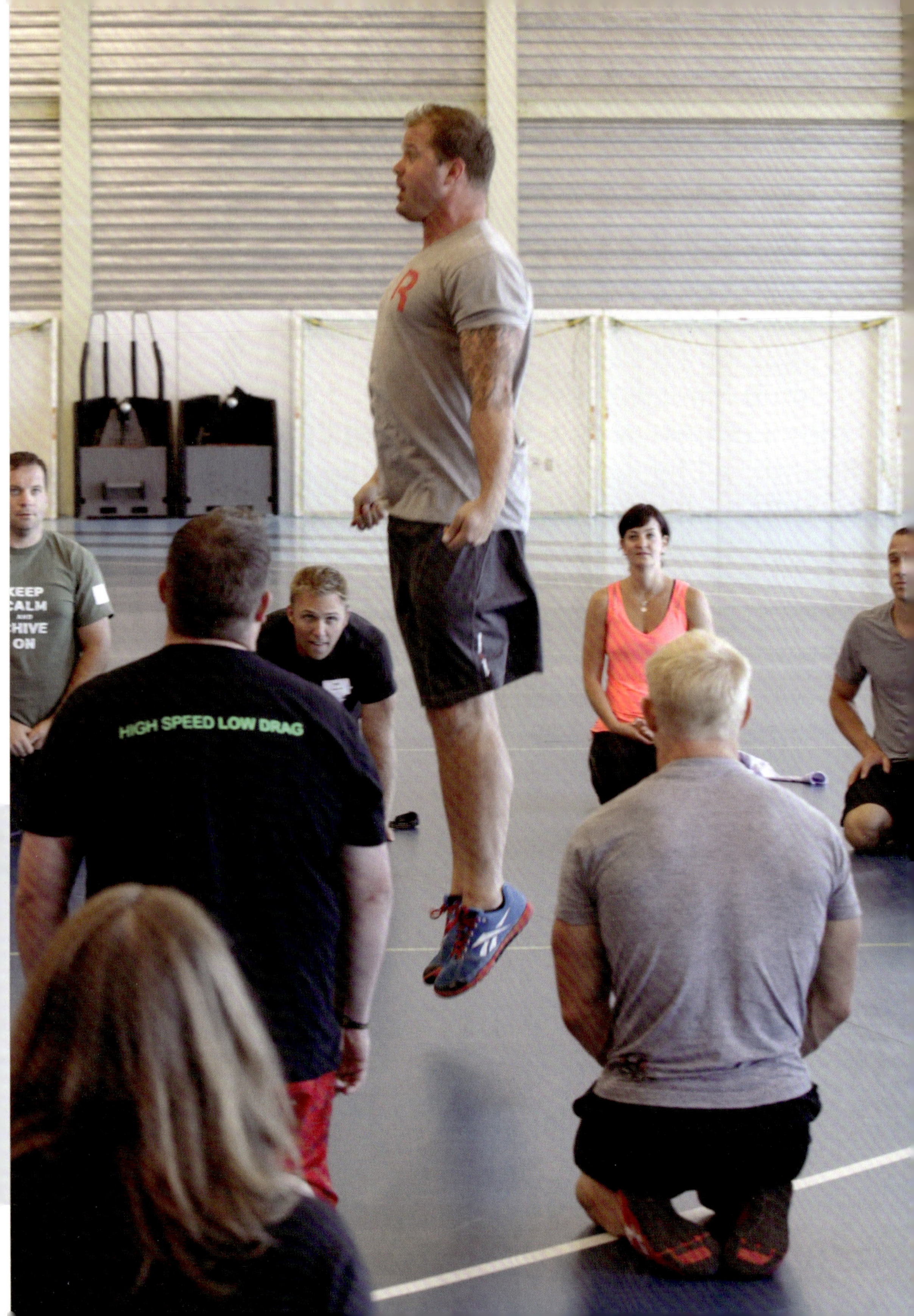
KEEP
CALM
CHIVE
ON
HIGH SPEED LOW DRAG

第十五章

標準 12：跳躍著地

問題：

你能以良好的力學跳躍著地嗎？

想要維持良好的跑步力學，必須先學會正確的跳躍著地。這項標準深入討論跑步涉及的跳躍與著地要素。

本章測試分為兩部分。為了達到這項標準，你必須以良好的力學跳到箱子上。其次，你必須展現單腳跳繩的能力，左腳與右腳各 30 下。

主要動機

如果你將跑步想成幾乎無止境的跳躍著地，就可以明白：詳細了解自己如何跳躍著地，是降低關節與組織承受負面衝擊的關鍵。

針對跳躍著地推薦的活動度運動

想要改善跳躍著地力學，最簡單（可能也是最有效）的方法就是跳繩，包括雙腳跳與單腳跳。請留意你的雙腳如何著地，以及膝蓋移動的軌跡。也建議你嘗試以下運動：

- 雙球腳踝按壓與剝離（216頁）
- 足底鬆動術（217頁）
- 背屈（218頁）
- 蹲屈強化（219頁）
- 內收肌群按壓（222頁）

概述

在追求最佳跑步表現與動作的路上，你可能已經了解整體情況，那就是：只有OK繃是不夠的。如果你動作力學長期不佳、運動控制模式很糟糕、關節排列會助長磨損，那光靠單一方法是無法解決問題的。極簡鞋並不是萬靈丹，使用時尚的運動貼布來撐完整場比賽也不是萬靈丹。與OK繃相同，這些貼布無法消除長期習慣的影響。

相反地，想釋放你與生俱來的跑步潛能，首要之務是徹底改造你的動作與動作思維。

筋膜與瑜珈專家米勒經常提到，跑者與舞者對動作的思索差異極大。她指出，其中一個差別是舞者每天會花數小時不斷練習跳躍著地。芭蕾舞者每次起跳時，都會仔細思考跳躍著地的一切細節，包括各個角度、每一塊啟動的肌肉、各個姿勢，任何細節都不放過。舞者會與導師合作，修正每一項錯

> 想釋放你與生俱來的跑步潛能，首要之務是徹底改造你的動作與動作思維。

誤並精進跳躍動作。

在姿勢跑法與 CrossFit Endurance 訓練計畫出現前，跑者很少被教導要意識到自己跑步時的動作技巧。跑者一生執行無數次跳躍著地，但從未分析這些動作。

這項標準的宗旨是，讓你專注於自己的跳躍著地力學，並修正不良力學。我希望你仔細留意自己如何起跳，並以良好模式與穩固力學建立新的動作常規，而不是透過大量的重複來讓動作模式自然而然顯露。

這項標準非常重要，你必須努力達到。沒錯，就像踝關節動作範圍標準一樣，此標準一開始可能令人十分痛苦，特別是你已累積數萬公里跑量，身體早已習慣一整套動作。

但我想要強調，雖然徹底改造動作看起來困難重重，但絕對值得，而且完全做得到。想做出這些改變，不妨參考游泳教練羅克林教人學游泳的策略，他發明了完全沉浸訓練法（又稱為魚式游泳）。首先，他提到游泳的複雜性。「游泳就像動作技巧的魔術方塊，非常複雜，環環相扣。」隨後，他解釋道，學習游泳這類高度複雜的運動，可以讓人持續受益。

如果你參加羅克林的研討會，你會發現他的作法不是讓你直接跳進泳池，再觀察你如何游泳並調整動作。相反地，他會讓學員從頭開始，完全重塑他們的泳姿。

我希望你也能以類似的方法學習如何正確跳躍著地（達到這項標準）。儘管跳躍著地可能令你聯想到你不想參與的那場籃球比賽，因為你確信自己會受傷，但讓我們探討一下跳躍著地的本質。

第十五章　標準12：跳躍著地 | 169

> 如果你能以正確的力學跳躍著地，就可以深入分析跑步涉及的關鍵動作模式，並開始為高品質動作（按身體天生設計的方式運動）打下基礎。

當你雙腳跳起並落地時，其實你是在執行無負重的動態深蹲。這與跑步動作（這樣的一連串無負重 1/4 蹲動作像是在用彈跳桿跳躍）的核心模式是一樣的。當然，最大程度垂直跳躍的著地壓力更大，如果你的力學不佳，膝蓋與腳踝受傷的機率也會變高。舉例來說，若一名籃球選手著地時膝蓋內夾，在跳躍著地數千次後，他的髕骨肌腱可能磨損，最終演變成跳躍膝（也就是「跑者膝」），甚至更嚴重的前十字韌帶撕裂。

但如果你能以正確的力學跳躍著地，就能感受到什麼是良好的跑步力學。你將能夠深入分析跑步涉及的關鍵動作模式，並開始為高品質動作（按身體天生設計的方式運動）打下基礎。而當你的身體按照天生的方式運動時，就自然能夠產生極大力量，並以正確姿勢來分散著地壓力。

將跳躍著地技巧有效運用到衝擊力道更大的運動（如下坡跑步或跑步下樓），也特別有幫助。

糟糕的跳躍著地技巧

讓我們先討論一下，你應該避免什麼樣的跳躍著地技巧，以及這些技巧不好的原因。

想像一下那些需要橫向移動與大量跳躍的運動。如果一名排球或籃球選手跳躍著地的力學不佳（每次著地都膝蓋內夾），那他的膝蓋複合關節將承受極大壓力，導致他成為美國每年逾 25 萬前十字韌帶損傷患者的一員。不想成為這項統計數據的一部分，最好的方法是學會正確的跳躍著地。良好力學就是最棒的解決方法。

糟糕的跳躍著地技巧中，有部分錯誤與深蹲技巧相同（詳見第 95 頁）。當然，與不需離地的深蹲相比，當你以自身體重三倍的力量撞擊地面時，傷害會更快出現。這些錯誤包括：

- 膝蓋過度往前，脛骨未垂直於地面。這會導致後側鏈無法正常發力，並加劇膝蓋壓力。
- 腳掌內八，或像鴨子般往外張。這是不好的姿勢，且會用旋轉剪力拉扯你的膝蓋。
- 中軸未穩固、腰椎排列不佳。軀幹肌肉沒有啟動，骨盆位置不穩定。後側鏈力量無法發揮，膝蓋與下背承受極大壓力。

如果你一直放任這些錯誤，沒有及時改正，遲早得付出代價。

測試 1：跳上箱子

跳上跳箱（選擇適合自己的高度）是改善跳躍著地力學的絕佳運動。你可以拍下自己練習的過程，或請朋友給予即時回饋。

1. 起始姿勢：髖部與大腿後側肌群蓄力。
2. 膝蓋、足部與背部維持中立位置。力量來自後側鏈。
3. 跳上箱子時，膝蓋與腳掌朝前。
4. 著地時，膝蓋往外推。

良好的著地姿勢：膝蓋外推、雙腳中立，並啟動足弓。

錯誤姿勢1：膝蓋內夾。

錯誤姿勢2：腳掌外八。請注意足弓與膝蓋此時都處於塌陷狀態。

第十五章　標準12：跳躍著地 | 173

測試 2：單腳跳躍

在這項測試裡，你必須以良好的力學單腳跳繩，左右腳各 30 下。

跳繩不僅能迅速改善跳躍著地力學，也能有效強化足部力量。它也很適合作為跑步前的暖身，可說是一舉三得！

1 使用髖部發力來跳躍。

2 從頭部、肩膀到足部都要維持中立位置。

3 腳尖著地，腳跟輕碰地面後就抬高。

跑者經驗談

跳繩是絕佳訓練，能讓你的足部與小腿做好準備，以腳尖或中足著地來取代腳跟著地。正如凱利所說，這可能是最簡單且最直接強化足部與腳踝的方法。我的建議是：你可以利用跳繩來評估身體失衡。我在雙腳跳躍時並沒有察覺我的左腳踝比右腳踝弱很多。單腳跳躍測試可以充分顯示這一點。剛開始時，我甚至無法用左腳完成一次單腳跳躍，光是嘗試就非常疼痛。

—T.J. 墨菲

每次單腳著地時，腳掌都要朝前，膝蓋維持中立位置。

錯誤姿勢：足弓塌陷、膝蓋內夾。

PART 3

You are a system of systems. Knee pain, back pain, and arch pain are not independent issues—they are specific expressions of problems that have multidimensional properties within the body. In being truly Ready to Run, it is essential that you understand and apply this concept.

How do you do this? After you've tested yourself against the 12 standards, you will have a working picture of where your body, your lifestyle, and your habits stand. You will know what your strengths are—a valuable confirmation—and, more importantly, you'll have clear evidence of your weaknesses. This is where the money is—in turning your weaknesses into strengths that will fully prepare you for both the joy and the rigor that running well has to offer. Let's get started.

第三部

你的身體是由多個系統組成的整體。膝蓋痛、背痛與足弓疼痛並不是個別問題,而是體內多重因素共同作用的結果。若想真正做好跑步的準備,理解並應用這個概念至關重要。

那你該如何做呢?當你完成 12 項標準的測試後,就能概略了解自己的身體狀況、生活型態與日常習慣。你會知道自己擁有哪些長處(這種確認是有必要的),更重要的是,你會清楚自己的弱點。這就是關鍵,也就是將你的弱點轉為優勢。這可以讓你做好萬全準備,以迎接跑步帶來的樂趣與考驗。讓我們開始吧!

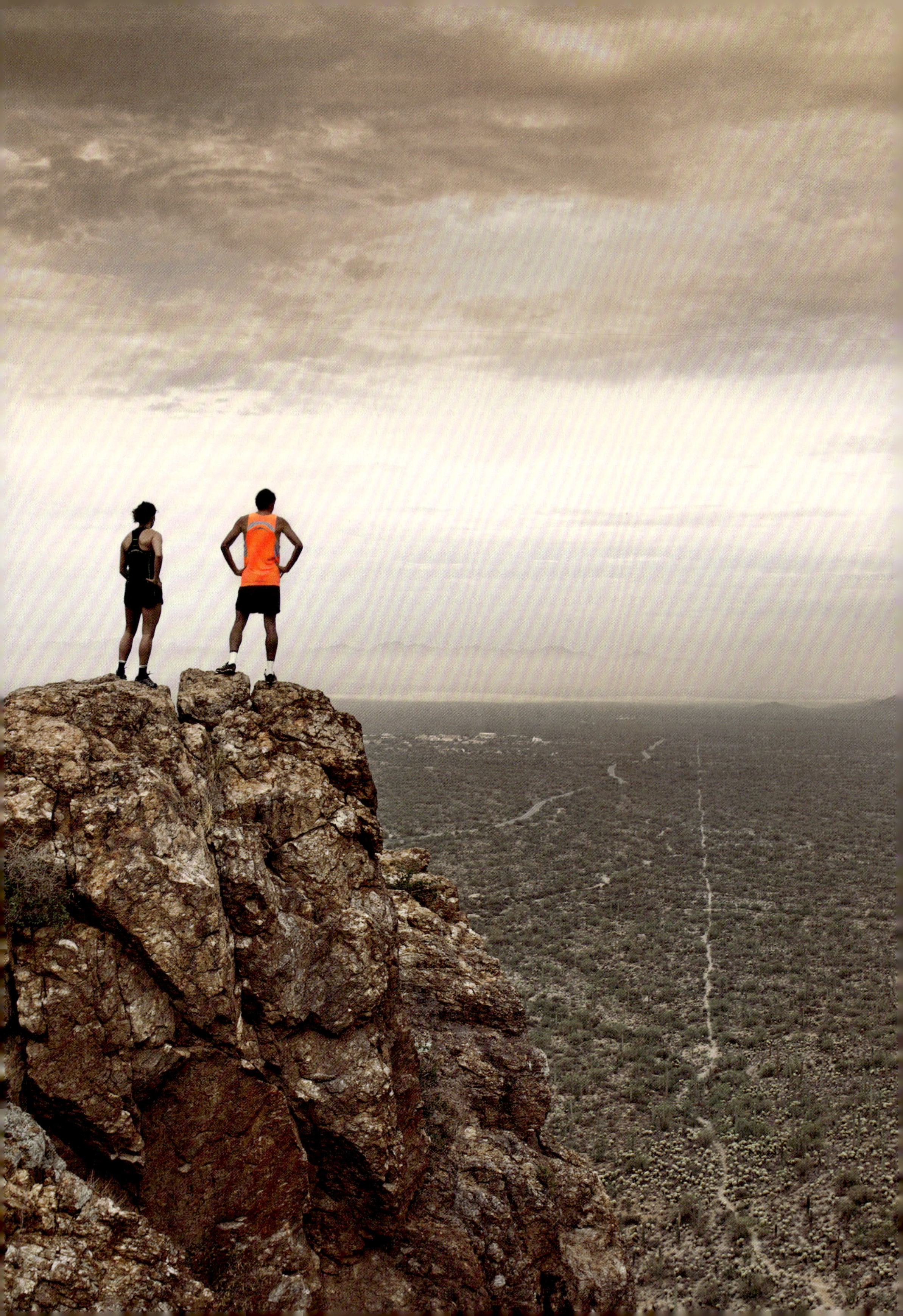

第十六章

活動度運動介紹

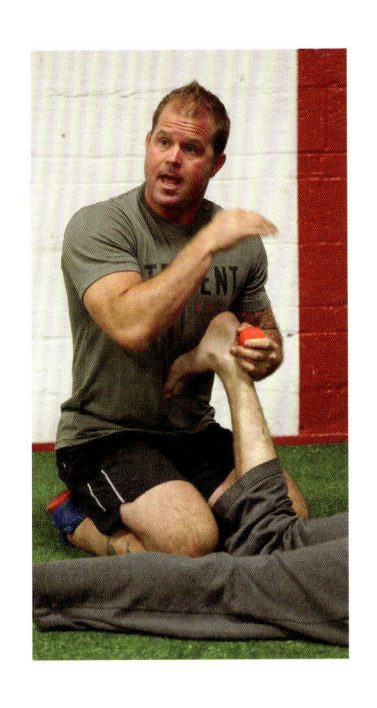

　　測試自己在這 12 項標準裡的表現，可以讓你大致了解自己是否準備好跑步，但更重要的是，這能幫助你找出自己的主要弱點。這些已知的弱點，就是我所說的「罩門」。在準備好跑步方面，罩門可分為四種類型：

・生活型態問題（例如：站立時雙腳未維持中立）
・活動度問題（例如：髖關節伸展受限）
・姿勢問題（例如：無法正確深蹲）
・力學問題（例如：跳躍與落地技巧不佳）

　　你現在已經知道：這些不同類型的罩門彼此相關。比方說，如果你經常穿著高跟鞋（生活型態問題），這會直接影響你的關節活動度，連帶衝擊動作力學。

　　我在表現不佳或受傷跑者等運動員的身上，經常看到以下模式。

生活型態問題
（脫水、穿設計過度的鞋子、久坐、走路外八）

⬇

活動度問題
（僵緊、不健康的組織，動作範圍受限，
出現組織敏感點）

⬇

姿勢問題
（無法做到正確的深蹲姿勢，
無法維持良好的脊椎排列）

⬇

動作問題
（跑步時足弓與膝蓋往內塌陷）

⬇

表現問題
（疼痛、受傷、流失力量）

　　如果你能專注於這12項標準，就能解決一些非常重要的問題，讓你朝著跑得好與享受運動生活的目標邁進，免於承受那些令許多跑者抓狂的慢性傷害。那接下來該怎麼做呢？你已測試了12項標準，其中一部分過關，有些則未能標達。

　　首先，我希望你將自己未通過的測試視為慶幸的理由。沒穿壓力襪？太好了，這個問題很容易解決。腳踝動作範圍不佳？太棒了。解決方法不像買一雙新襪子那樣簡單，但依然是一個改進的機會。

把握每一個改善的機會。提升表現要靠自己努力。你清單上的每一個罩門，都對應著一個具體、值得追求的目標。這些遠方的目標閃耀著光芒，等著你去追求。這可能需要時間與毅力，因為提升活動度與改善力學並不是一朝一夕的事情。但只要朝著這些目標努力，你的表現將逐漸提升，身體也會變得更耐用。

那你在**準備好跑步**方面該如何取得高分呢？首先，請查看你的成績單，並圈選未達標的項目。

> 將未達標視為改進的機會，提升表現要靠自己努力。

生活型態／適應標準

- 雙腳中立
- 穿著平底鞋
- 暖身與收操
- 穿著壓力襪
- 補充水分

活動度／動作控制標準

- 柔韌的胸椎
- 高效率的深蹲技巧
- 髖關節屈曲
- 髖關節伸展
- 腳踝動作範圍
- 消除組織敏感點
- 跳躍著地

既然你已經知道自己的罩門，就可以開始採取行動改善了。在生活型態／適應標準方面，你可以改變一些習慣，例如今天就開始適當補水、確實暖身與收操，以及穿著壓力襪。如果你習慣穿高跟鞋，那要有耐心過渡到平底鞋（可使用 76 頁的 10% 計劃）。培養雙腳中立的習慣也需要時間，但這也是你在數小時內可取得明顯進展的項目。

修正生活型態／適應問題的好處是，能幫助你改善活動度與動作控制的弱點。改善每一項活動度與動作控制標準的具體練習，便是本書剩餘章節的重點。

提升你的活動度：策略性方法

對於跑者來說，並沒有一體適用的維持表現方案。你現在應該已經知道，影響跑步表現的疼痛與不適可能來自各種因素，從無法做到正確姿勢到腳跟發炎等特定組織問題都有可能。你需要的是一套解決你特定問題的系統，這套系統以修正根本原因為首要目標，但也要緩解難纏的症狀。

更理想的情況是，這套系統化的方法能夠變成具體的每日習慣（就像刷牙與用牙線一樣），如此一來，你就可以在疼痛與傷害出現前防範於未然。

無論你是長跑或短跑選手、足球員，或正在為 CrossFit 比賽做訓練準備，追求與達到本書的 12 項標準，能夠幫助你預防可能的傷害。與其等到肌腱拉傷或膝蓋發炎才發現自己做錯了，還不如事先建立預防傷害的習慣。具體方法是每天花 10~20 分鐘保養身體，將你的弱點轉化為長處，並要求自己無論是訓練或平日都要維持良好力學。這個習慣（或

說這套系統）帶來的成效，遠勝過許多運動員陷入的打地鼠困境，後者迫切地想要消除症狀，而不是處理根本原因。

為了達到 12 項標準，你必須執行第 17 章列出的活動度運動。這些運動就像手術工具一樣，旨在促使改變發生。測試結果將顯示你目前在哪些方面不足。再次強調，這些不足就是你的罩門。這些活動度運動旨在解開這些功能受限區域與受損組織。

我想強調的是，每日從事活動度運動只是「跑者身體調校指南」架構的其中一個面向，整套方案包括以下三部分：

1. **生活型態**。請維持健康規律的生活方式，包括適時補充水分、穿著平底鞋與壓力襪、雙腳隨時保持在中立位置。記得要留意自己有沒有做到這幾件簡單卻很有效的事。
2. **活動度**。確保你有努力達到或維持這些活動度標準，例如髖關節伸展與腳踝動作範圍。
3. **動作力學**。確認你的跳躍、著地與深蹲是正確的。生活型態與活動度都日漸改善後，你就能夠做到並維持良好的姿勢與力學。從這時起，你可以開始透過練習姿勢跑法或類似的跑步姿勢，進一步精進你的跑步技巧。

在你為了精進跑步展開活動度運動之前，我想先分享一些基本原則，讓你每天 10 分鐘的保養時間達到最佳效果。

第十六章　活動度運動介紹 | 183

換個方式想：每隔幾年，你檢查信箱時，總是會發現銀行寄來新的信用卡，要你換掉舊卡。你打開信封並取出新卡。在撕掉卡片上面的貼紙前，你打給客服並啟用新卡。之後你還有一件事得做，那就是從錢包取出舊卡並銷毀。

這並不容易，你將信用卡對折一次，然後再反向對折，來回不斷折。很神奇吧？竟然折不斷，信用卡設計得十分耐用。

你的身體也是如此耐用。跑步每一次不良的步態循環就像是信用卡來回折，而你的組織能承受大量的反覆折磨。但總有那麼一天，組織可能產生輕微撕裂（或許出乎你的意料之外），就像信用卡出現的細小裂縫。

你依然故我，因為身體還撐得住，但組織終有一天會出大問題。當信用卡最後斷成兩半，也就是你的膝蓋磨損或椎間盤突出的時候。

這是一個重要的比喻，證明「全年無休」規則確實有道理。偶爾休息一天不訓練是穩健的作法，多數跑步計畫也會如此安排。但在保養身體方面，你必須全年無休。即便在最忙碌的日子，你也應該抽出 10 分鐘來從事活動度運動。

為什麼呢？因為你維持良好動作模式與從事活動度運動的每一分鐘，都有助於預防與減輕跑步每個步伐產生的微小損傷。每次的損傷個別看並不嚴重，但乘以一百萬次後，就像是將舊信用卡送進工業碎紙機。

請堅持每天保養身體，一天都不能休息。為了做到這件事，請將保養工作納入你的日常行程。

本書介紹的許多鬆動術，稍微調整一下就能輕鬆融入生活。比方說，你看電視時可以做沙發伸展

> 在保養身體方面，你必須全年無休。即便在最忙碌的日子，你也應該抽出 10 分鐘來從事活動度運動。

（詳見 114 頁）。你也可以設定鬧鐘每小時響一次，提醒自己要離開座位走動一下、喝點水，或許也可以鬆動一下小腿後側肌群，或是深蹲 1 分鐘。

鬆動術技巧

在我的活動度課程上，我希望學員離開前都能學會一套方法，幫助他們自己達到最佳活動度的目標。就像工匠做不同工作會用不一樣的技術，或是高爾夫球手需要木桿、鐵桿與推桿，運動員與教練也需要一套鬆動術技巧來滿足各式需求。舉例來說，調整髖關節位置所需的技巧，便與處理足弓滑動面局部沾黏不同。

以下是我在自己的活動度系統裡教授的核心技巧。其中許多技巧可以搭配使用，就像拳擊的組合拳。比方說，如果你想處理大腿後側肌群深處的組織敏感點，可以依序使用壓力波與收縮及放鬆技巧。這種多管齊下的處理方式，能幫助你在最短時間獲得最佳效果。執行這些技巧所需的工具，將在〈你的活動度工具箱〉（第 196 頁開始）章節裡詳細介紹。

· 按壓

按壓是一種以垂直壓迫為基礎的技巧。換句話說，它能讓你檢視組織深處的狀況。基本按壓的手法是：將按摩球或滾筒放在你想要改善的區域，深呼吸，然後吐氣，讓肌肉放鬆並適應這項活動度工具。如你所見，許多鬆動術都是從按壓開始。

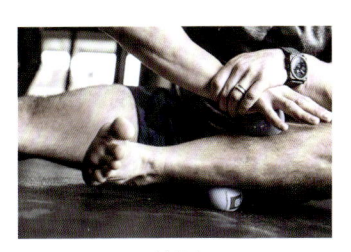

按壓

・收縮及放鬆

收縮及放鬆

你可能聽過收縮及放鬆，這是一種廣泛認可的神經肌肉技術，對於改善動作範圍非常有效。使用方法如下：如果你以基本按壓法處理組織敏感點，身體自然的反應方式是收緊那塊肌肉。你此時可以吸氣並收縮肌肉，然後吐氣並放鬆肌肉，讓球或滾筒更深入組織，重複這個過程數次。收縮及放鬆技巧能協助消除身體自然收緊的張力，並讓你深入問題區域，處理並緩解激痛點。處理動作範圍末端的肌肉組織時，也可以使用這項技術。方法是收縮肌肉幾秒鐘，再放鬆肌肉幾秒鐘，然後動作範圍加大，重複這個過程數次。

收縮及放鬆也是改善滑動面功能的絕佳技巧。當你使用按摩球處理跟腱等特定區域，試圖改善組織內部滑動面功能時，可以先把球壓進組織，然後屈曲足部並維持幾秒鐘。接著放鬆足部，把球壓深一點，並重複這個過程。

・壓力波

壓力波

壓力波可以精準、有效地處理深層組織，例如位於髖部深處的肌肉結節。具體作法是：將球或滾筒放在你想改善的部位，然後使用身體重量將球壓進組織。你這時使用的仍是基本的按壓技巧。接著，緩慢地讓組織在球或滾筒上來回滾動，以產生壓力波。此動作就像是羅夫結構整合療法治療師將他的手肘壓進你的髖部，然後在肌肉結節附近來回壓。

・肌肉群之間剝離

　　肌肉群剝離指的是以球或滾筒沿著肌肉組織紋理操作，梳理不同的筋膜與纖維。此技巧的重點是要非常緩慢。如果你拿出滾筒並躺在上面，然後像彈珠般迅速移動，那根本不會有任何效果。

　　比方說，你打算針對股四頭肌執行肌肉群剝離。一開始你可以使用按壓技巧來深入處理組織，然後將球沿著整條肌肉慢慢地滾動（從膝蓋上方到髖骨），感覺應該要像是在鏟除濕雪。

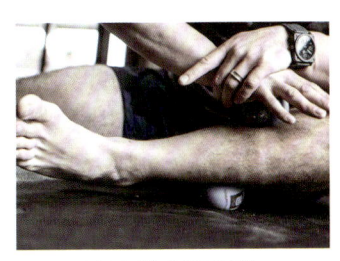

肌肉群之間剝離

・按壓及來回推拉

　　讓我們簡單複習一下，什麼是滑動面。人體是一個龐大網路，各組織彼此相連。在物理治療領域，「區域相互依存」一詞通常指的是：當我們治療患者時，必須考慮敏感點與附近的一系列肌肉與組織。當我提到「恢復滑動面」時，指的是處理那些沾黏、結塊並最終導致你動作範圍受限的組織。比方說，如果測試結果顯示你的腳踝動作範圍非常差，恢復滑動面就是改善腳踝活動度的關鍵元素。

　　皮膚層、肌肉、神經與筋膜之間可能沾黏，而在恢復這些軟組織的自然滑動上，按壓及來回推拉是極其重要的技巧。基本的按壓及來回推拉技巧如下：使用按壓技巧將球或滾筒壓進組織裡。以腳踝為例，將球放在小腿肌肉上，然後開始來回推拉，過程中，足部與腳踝要做到盡可能大的動作範圍。這個動作會讓球在組織間來回推拉，有助於恢復組織滑動與相互滑移的功能。

按壓及來回推拉

第十六章　活動度運動介紹 | 191

・大範圍軟組織滑動

到目前為止，我已經介紹許多針對特定部位的鬆動術。大範圍軟組織滑動則是同時鬆開大肌群或多個肌群。比方說，你想改善胸椎活動度，可以用球進行精細按壓，但在此之前，不妨先用滾筒推一推整個背部，放鬆整體組織，並為接下來的深度鬆動做好準備。

大範圍軟組織滑動

・關節彎曲打開間隙

關節彎曲打開間隙是一種特定的關節囊技術，可以解決緊繃、沾黏的膝蓋問題。你只需要將球或捲起的毛巾放在膝窩，然後膝蓋完全屈曲。球或毛巾製造的空隙將產生力量，幫助你的膝蓋達到完整動作範圍。

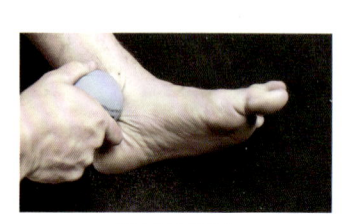

關節彎曲打開間隙

・點壓及扭轉

點壓及扭轉是另一項可恢復滑動面功能的絕佳動作。將球（最好是質地偏軟、表面有點抓力的球）壓進組織並固定，接著扭轉球。這項技巧有助於放鬆僵緊組織，並將血液導引至循環較差的區域（例如跟腱）。

點壓及扭轉

・彈力帶來回推拉

來回推拉是指肢體前後或左右移動。執行方法是：將高阻力的彈力帶套在關節或肌肉上（例如大腿後側肌群的上方），然後透過深蹲或跨步蹲來移

彈力帶來回推拉

動你的腿。將彈力帶來回推拉納入活動度工具箱，可以幫助你進一步增加動作範圍。以左邊照片為例，能協助你重新調整髖關節囊的位置。

・巫毒推拉帶擠壓

我在第13章介紹過巫毒推拉帶擠壓（詳見150頁），鑒於此技巧對運動員非常有用，這裡再複習一次。它可以給組織敏感點、疤痕組織或受損關節帶來強大滑移效果。將巫毒推拉帶纏在某部位，可以恢復該區域滑動面功能，取下帶子後，血液會流入這些關節與組織。這可以改善肌肉收縮、關節活動度與滑動面功能。以巫毒帶擠壓腫脹的關節，可以將腫脹推回淋巴系統，然後以該系統排出體外。

巫毒推拉帶擠壓

想執行此技巧，你需要一條巫毒推拉帶，也可將洩氣的腳踏車輪胎剖成兩條。從目標區域下方開始纏繞，往心臟的方向包，每圈帶子重疊1公分，並施加約50%的張力。將帶子覆蓋目標區域上的皮膚及緊鄰的周圍，纏繞問題部位時將張力提升至約75%。纏好關節或組織敏感點後，花幾分鐘活動足部或腿部並執行完整動作範圍。這可能會有點不舒服，請忍耐一下。過幾分鐘後拆掉帶子，恢復需要一點時間。幾分鐘後，再次重複這個過程。

如果你使用巫毒推拉帶擠壓的目的是恢復滑動面功能，那每天至少要做2次。若你是用來消除腫脹與發炎等急性傷害，那每天至少要做5次，最多10次。

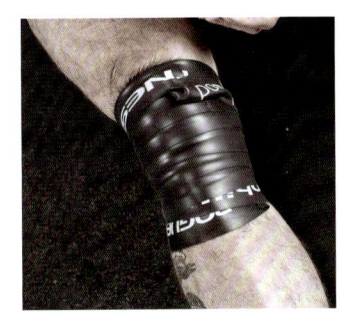

不要冰敷

臨床研究的結果與頂尖職業運動聯盟的實務經驗都明確顯示：以冰敷的方式治療傷害，可能適得其反。

冰敷能讓受傷部位麻木並減輕疼痛嗎？答案是可以，但必須付出代價。冰敷發炎部位能暫時緩解疼痛，卻會妨礙肌肉與神經之間的訊號傳遞。結果就是，淋巴系統（身體負責修復的重要系統）流動方向因此逆轉。

對於冰敷的效果，科學文獻解釋如下：

長時間冰敷身體某個部位，附近淋巴管的通透性會大幅提高（淋巴管是『末端封閉』的管道，主要協助將多餘的組織液送回心血管系統）。當淋巴管的通透性增加，大量液體會開始從淋巴系統流向「錯誤方向」（進入受傷部位），導致局部腫脹與壓力增加，可能進一步加劇疼痛。[18]

來自運動恢復器材公司 Marc Pro 的雷諾（Gary Reinl）是冰敷專家，他擔任許多頂尖職業運動團隊知名教練的顧問。雷諾表示，「冰敷會導致組織阻塞（廢物未能及時清除）」，並指出沒有任何醫學教科書或臨床研究支持「冰敷能促進傷口癒合」。

使用冰敷或布洛芬（雷諾認為這類藥物比冰敷更糟）來抑制發炎是錯誤的作法。他問道，「為何要這麼做呢？」換言之，發炎反應是癒合過程必要階段，為什麼要試圖干預呢？

18 "The Use of Cryotherapy in Sports Injuries," *Sports Medicine* 3 (1986), 398-414.

我的重點是：沒有發炎，癒合就不會發生。

那要怎麼幫助淋巴系統發揮作用呢？答案正好與「RICE 原則」（休息 rest、冰敷 ice、加壓 compression 與抬高 elevation）的第一個步驟相反，你應該多「活動」而不是「休息」。活動能幫助淋巴系統修復組織。你下次扭傷腳踝或膝蓋有點發炎時，不要急著冰敷，可以嘗試使用巫毒推拉帶擠壓並活動肢體，看看前後差別。

為何過去幾十年來，冰敷在運動傷害治療中會這麼普遍呢？雷諾認為，這一切可追溯至 1960 年代的 NFL 場邊防護。冰塊便宜又容易取得，還能暫時止痛。但直到今天，仍然沒有臨床研究支持這種方法。

別光聽我說，你可以自己去查證。想了解更多資訊，請閱讀雷諾的著作 Iced! The Illusionary Treatment Option（《冰敷！一種幻覺療法》，暫譯，亞馬遜數位服務出版）。

你的活動度工具箱

在跳蚤市場或二手商店，只要 10 美元就可以組建活動度頂級健身房。當然，也有更省錢的作法。在自家車庫、廚房與櫥櫃拿一些常見物品，你就可以立刻開始執行鬆動術。這些東西可以是紅酒酒瓶、槓鈴、水管、壘球、棒球、高爾夫球、洩氣的足球、破裂的自行車內胎等。這些日常用品都可以做為活動度輔助工具。

敏感點，包括解開組織滑動面沾黏並對骨骼施加部分壓力（可於 www.yogatuneup.com 購買）。

・雙子棒

適用於：按壓、收縮及放鬆、肌肉群剝離、按壓及來回推拉。

　　我會先用雙袋棍球來鬆動胸椎，因為這是鎖定小面關節最理想的工具，但雙子棒更精準，抓力更大，針對目標激痛點能產生更強效果（可於 www.roguefitness.com 購買）。

・壘球

適用於：按壓、收縮及放鬆、壓力波、肌肉群剝離、按壓及來回推拉。

　　你有時得用比袋棍球更大的物體，才能按壓到需要處理的部位。壘球是重要的活動度工具，如同 Sharpie 麥克筆在書寫工具領域的地位。它特別適合用於按壓大塊臀肌。

・超新星球（Supernova）

適用於：按壓、收縮及放鬆、壓力波、肌肉群剝離、按壓及來回推拉。

　　超新星球是壘球的升級版，能夠產生更強的抓力與推力，來影響深層組織區塊，例如髖部或大腿後側肌群。超新星球的齒塊專門設計來分開多層組織，讓你能夠深入組織，達到最佳鬆動效果（可於 www.roguefitness.com 購買）。

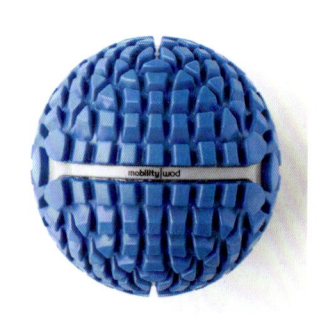

・足球

適用於：按壓、收縮及放鬆、大範圍組織滑動。

　　與其多做解釋，不如親自嘗試看看，馬上就能知道效果。你可以去跳蚤市場或二手商店買一顆足球，或是翻找小孩的櫃子，看看是否有現成足球可用。將球放掉一些氣，整個人趴在球上，讓球壓在你的腹部，接著開始滾動。調整一下，你可以壓到腰肌，這是貫穿半個身體的長條肌肉，負責髖關節屈曲等動作。運動員（特別是大量跑步者）的腰肌通常非常僵緊，進而引發一系列的活動度問題。使用洩氣的足球按壓，是你達到髖關節屈曲及伸展與高效率深蹲技巧這三項標準的秘密武器。

・核心放鬆球（Coregeous Ball）

適用於：按壓、收縮及放鬆、大範圍組織滑動。

　　這是半洩氣足球的高級版本。米勒設計的充氣球，直徑 23 公分，材質稍有抓力，方便你將球壓在某個點上以放鬆緊繃的腰肌（可於 www.yogatuneup.com 購買）。

・Rogue 彈力帶（Rogue Monster Band）

適用於：收縮及放鬆、彈力帶來回推拉。

　　這款彈力帶十分強韌，特別適合鬆動大腿後側肌群與臀肌（可於 www.roguefitness.com 購買）。

・巫毒推拉帶

適用於：巫毒推拉帶擠壓。

巫毒推拉帶是專門設計來針對組織敏感點與腫脹關節進行治療式加壓，詳見第 13 章。你也可以將腳踏車內胎從中間剖成兩條，作為巫毒推拉帶的替代品（可於 www.roguefitness.com 購買）。

・腹肌訓練墊

腹肌訓練墊是你活動度工具箱裡的萬用設備。除了用來做沙發伸展外（詳見 114 頁），當你的下腰椎需要額外緩衝或支撐時，也非常好用（可於 www.roguefitness.com 購買）。

追根究柢

《跑者身體調校指南》最想告訴運動員的一件事就是：你必須追根究柢。若等到疼痛出現再行動，就太遲了。

一般來說，跑者與其他運動員都會持續運動，直到某一天突然發現自己的膝蓋疼痛、跟腱痠痛，或是大腿後側肌群撕裂。

這個時候，運動員才會毅然採取行動，開始以冰敷、服用布洛芬等方式緩解疼痛，然後疼痛一消

失，立刻恢復運動。

這就是典型的「治標不治本」作法。在《跑者身體調校指南》這套方法裡，治療症狀當然是計畫的一部分（巫毒推拉帶擠壓能有效處理關節或組織的腫脹與疼痛，詳見 150 頁），但更重要的是解決根本原因。問題通常來自兩方面。首先，你的身體能否做到良好姿勢（也就是活動度，特別是腳踝、膝蓋與髖部）。其次是你的運動控制模式是好是壞（也就是力學，像是跳躍著地時習慣性的動作模式）

定期檢測自己在這 12 項標準的表現，通常可以讓你防患於未然、避免受傷。無法正確深蹲，或是髖關節屈曲與伸展範圍受限，這些都是警訊，代表傷害總有一天會發生。這也顯示你浪費了本來可用於提升運動表現的能量與力量。

有些人可能認為，跑步本身用到的動作範圍有限，改善活動度並讓身體有辦法做到良好姿勢根本是多此一舉。這背後的邏輯是：想成為跑者，你不需要做到全深蹲，也不需要達到本書標準裡要求的腳踝動作範圍與髖部功能。

但對我來說，重點在於建立緩衝。如果你必須長途開車去辦事或開會，車子油箱加滿是不是比較安心？當然，剩四分之一的油可能足夠往返，但最理想的狀況不就是知道自己有備無患嗎？

相同的道理也適用於活動度標準。當你達成這些標準，就能確保自己的身體能夠做到良好姿勢，並使用正確的動作模式。這就像是你的油箱已經加滿了。

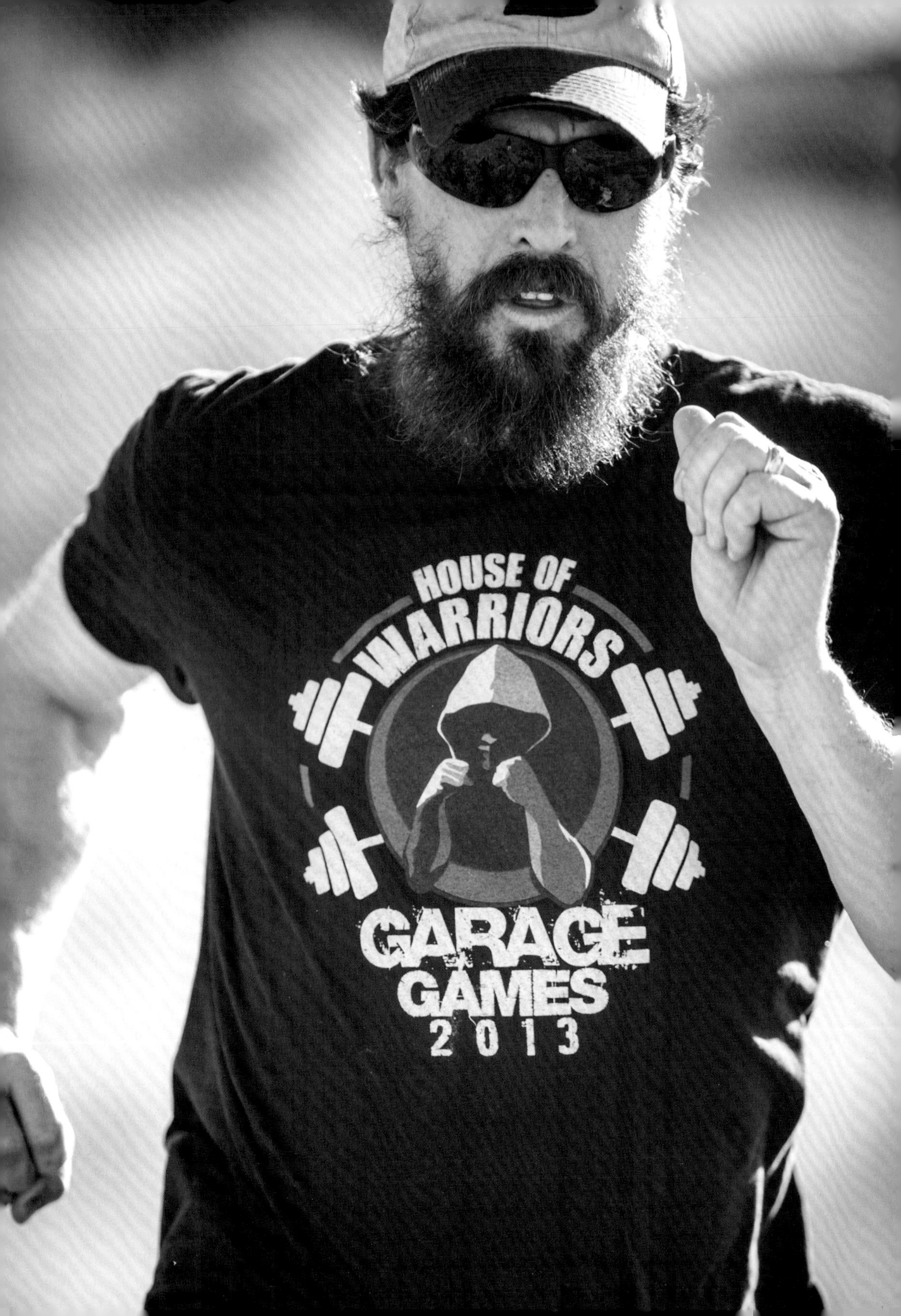
HOUSE OF
WARRIORS
GARAGE
GAMES
2013

第十七章

各式鬆動術／活動度運動

在測試 12 項標準後，你現在已有清楚的認識，知道是哪些弱點（我稱之為「罩門」）妨礙你做好跑步準備。本章的活動度運動將從兩方面幫助你改善這些罩門：

1. 幫助你找出問題的根源，並解決這些特定的組織限制。
2. 幫助你處理問題區域的上下游，來放鬆問題區域的周遭。

你可以透過這兩方面來改善動作範圍，最終將弱點轉為優勢。

活動度運動

你會如何執行當天排定的活動度運動呢？你可能已經知道，自己必須改進哪些標準，以及哪些組織敏感點需要處理。接下來，你可以參考下方的執行準則。

1. 先處理組織敏感點。你在跑步或代謝體能訓練快結束時，足部或跟腱是否感到一陣刺痛？膝蓋是否有些僵緊不適？從事活動度運動時，你首先要處理的是組織敏感點，以及目前出現徵兆、未來可能敏感疼痛的區域。舉例來說，你在跑步時感覺膝蓋內側隱隱作痛，這就是你在執行鬆動術時必須優先處理的問題。針對輕微不適或疼痛，先使用巫毒推拉帶加壓再鬆動上下游是絕佳的處置。如果是比較嚴重的組織敏感點，至少要花10分鐘處理問題區域與上下游部位。
2. 改善弱點。根據你的測試結果，挑選一個弱點處理。假設你的腳踝動作範圍不足，可挑選一、兩項小腿鬆動術來做，每項鬆動術每邊至少鬆動2分鐘。如果時間允許的話，可加入大腿鬆動術，針對上游部位加強。
3. 執行身體日常保養。如果還有時間，你可以輪流鬆動其他區域（無論是第二個弱點或是已達標的部位）。比方說，你擁有柔韌的胸椎，這實在太棒了！請維持下去。每天花2分鐘針對上背部執行大範圍鬆動。

　　我希望你每天至少能投入10分鐘，全年無休（記住上面的優先次序）。10分鐘時間便已足夠。但如果你能抽出更多時間，可以每天安排兩個活動度運動時段，或是將活動度運動加到熱身或收操裡，這樣你會更快看到效果。

小腿

小腿後側肌群按壓與壓力波

鬆動小腿後側肌群是非常刺激的事。跑者都知道這些肌肉很短、過度使用且非常敏感。小腿後側肌群按壓是不錯的起點,也可作為跑步前的絕佳暖身。按壓小腿後側肌群時,你可能會發現自己原本沒察覺的僵緊區塊與肌肉結節。當你找到這些敏感點時,就用壓力波的方式來處理。

想增加壓力嗎?你可以使用沙袋或負重背包來進行「負重小腿後側肌群按壓」。

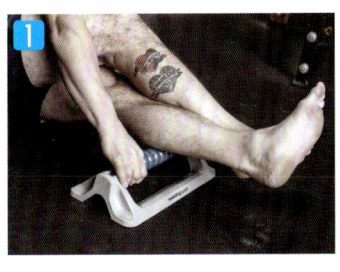

1 將小腿後側肌群放在你偏好的滾筒、水管或槓鈴上面,另一條腿跨上去,以施加更多壓力與重量。

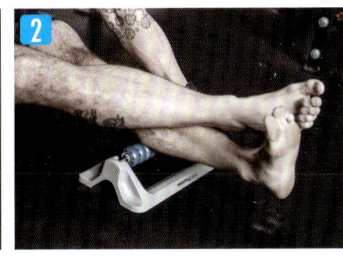

2 放鬆肌肉,深呼吸,然後將小腿壓入滾筒,以觸及更深層的組織。接著執行壓力波,將小腿緩慢地左右滾動,同時按摩深層組織。

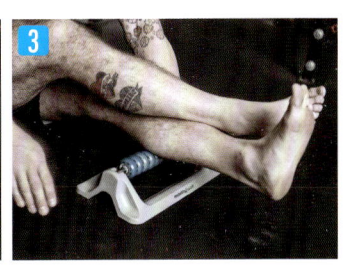

3 屈曲與伸展足部至完整動作範圍,以收縮及放鬆組織。

小腿

彈力帶腳踝鬆動術 1

彈力帶技巧的威力強大，能夠協助維持關節囊的健康與位置，也有助於改善沾黏的滑動面。事實上，跑步對運動員帶來的衝擊經常會導致皮膚與跟腱之間的滑動性受限，時間久了肯定出問題。如果你的跟腱附近組織承受過度衝擊，請取出彈力帶，一端綁在柱子上，另一端勾上腳跟。拉開距離，盡量製造彈力帶的張力。在執行鬆動的整個過程，腳掌維持貼地。鬆動前後都測試一下腳踝動作範圍，觀察是否出現任何變化。

1. 將彈力帶勾上一隻腳的腳跟。

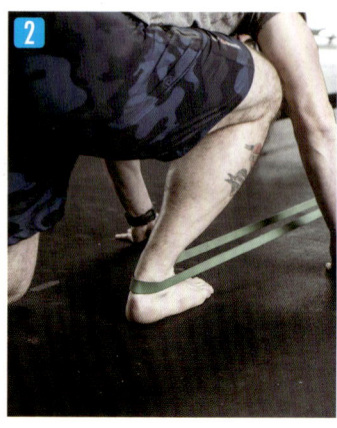

2. 維持腳掌貼地，膝蓋向外、向前推，不要內夾。

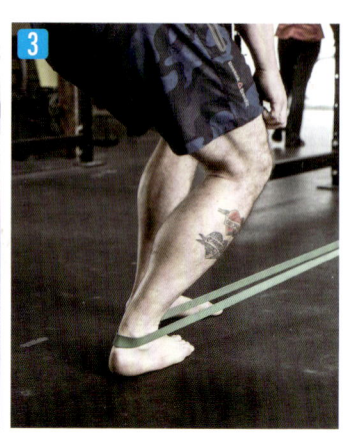

3. 膝蓋前後來回擺動，以幫助關節附近的滑動組織恢復正常。

彈力帶腳踝鬆動術 2

在這個版本的彈力帶腳踝鬆動術裡，請後膝跪地，用一隻手將前腿膝蓋往外推，鬆動整個腳踝（各個角度都嘗試一下，找出僵緊部位處理）。鬆動前後都測試一下腳踝的動作範圍，觀察是否出現任何變化。

小腿

1 將彈力帶勾在一隻腳的腳踝前方，拉緊彈力帶以製造張力，然後另一邊膝蓋跪地。

2 用手將膝蓋往外推，維持腳掌貼地。

小腿

鋸骨機小腿後側肌群按壓

鋸骨機小腿後側肌群按壓的效果絕佳,可以改善背屈動作範圍,並鬆動足部與腳踝內部筋膜。隨著你的活動度改善,請依照片展示的姿勢逐步嘗試,直到你能坐在小腿上面,以施展最大壓力。如果你在執行鬆動時流汗,不必太驚訝,因為你的筋膜正面臨極大的挑戰。

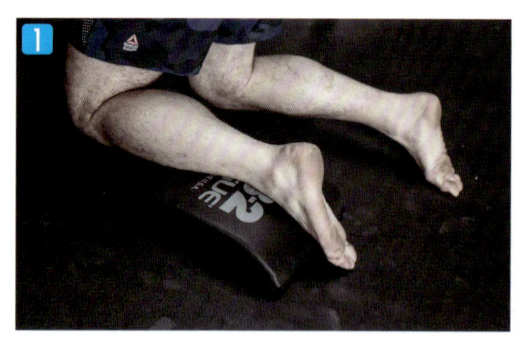

1 採跪姿,將腹肌訓練墊或捲起的毛巾墊在腳踝複合關節的下方。

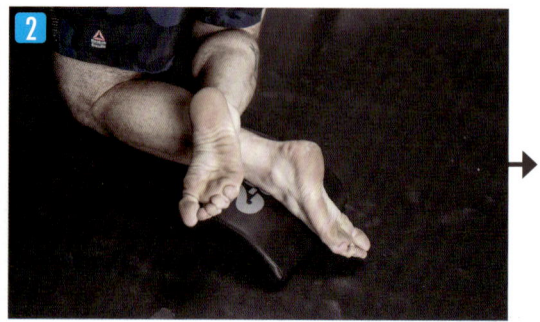

2 將另一隻腳的腳踝跨在要改善的小腿後側肌群上面。

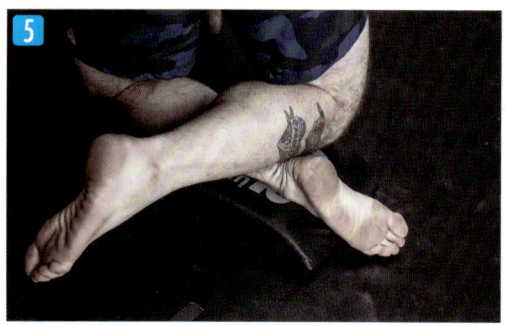

5 你也可以讓上方腿沿著下方腿組織上下移動,點壓並來回拉扯這些沾黏的滑動面。

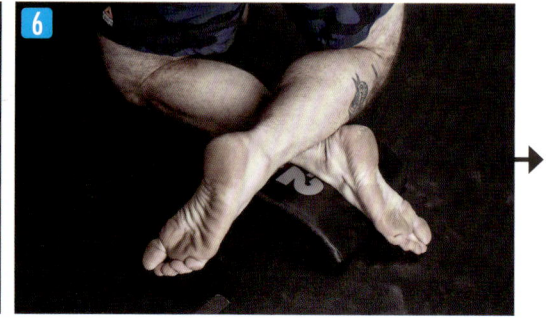

6 以收縮及放鬆的方式,上下移動你的髖部。

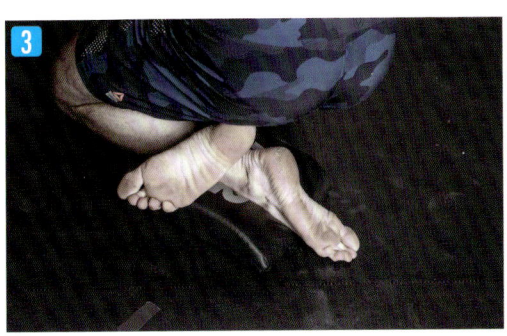

小腿

3 臀部往後坐，盡量施加壓力，但不要到不舒服的程度。這是按壓的部分。

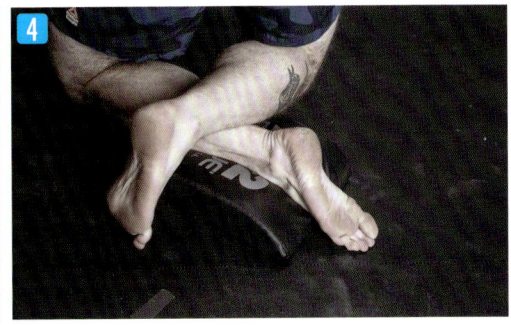

4 接著是鋸骨的部分。在照片裡，我的右腿正在鋸我的左小腿。

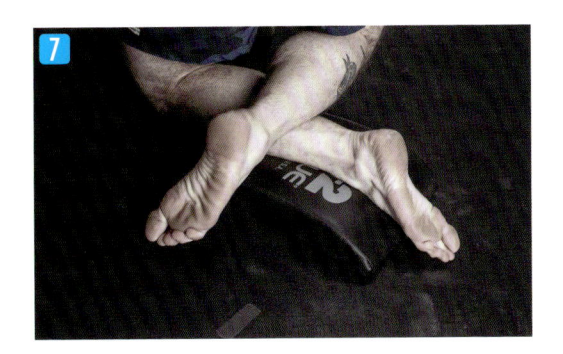

7 將脛骨推向小腿後側肌群組織，尋找需要處理的結節。

第十七章　各式鬆動術／活動度運動 | 209

小腿

夥伴協助剪力按壓

當你有夥伴協助時，自己可以完全放鬆身體，讓對方幫助你處理疼痛。面朝下趴著，在腳踝前方的下面墊東西保護，讓夥伴用他的腳來回按壓你的小腿組織。

1 面朝下趴在地上，將腹肌訓練墊或捲起的毛巾墊在小腿下方。讓夥伴將他的腳放到你小腿的適當位置。

2 請夥伴用腳鬆動踝關節附近的組織，首先以按壓技巧深入肌肉，然後逆著肌肉纖維的紋理走向，左右鬆動。

3 夥伴可以用腳剝離肌肉，緩慢沿著整條肌纖維上下鬆動。

點壓、扭轉與來回推拉

將球放在你的跟腱上，固定好組織，然後扭轉並來回推拉皮膚。你可以使用袋棍球來進行這項鬆動術，但最好是質地較軟、表面有點抓力的球，這可以幫助你更順暢地扭轉滑動面。我用的是米勒設計的瑜伽理療球。

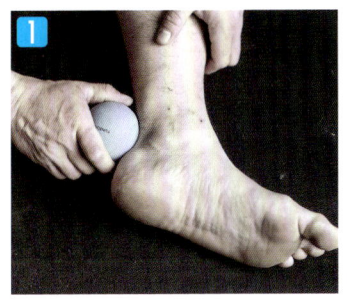

小腿

將瑜伽理療球（或其他質地較軟、表面有點抓力的球）放在腳踝的後方。

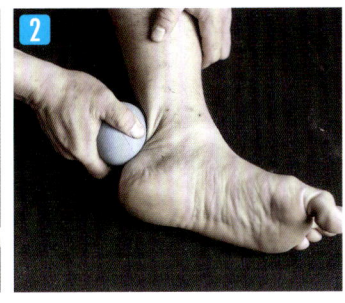

固定部分組織層，並透過扭轉球的方式來回推拉它們。

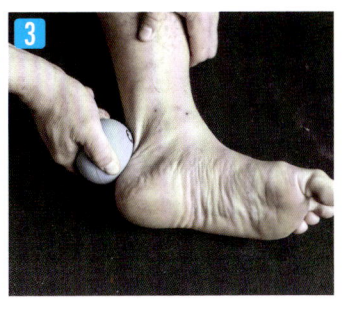

沿著你的跟腱上下鬆動，透過施壓、在跟腱上來回移動球與扭轉組織的方式，來解開滑動面沾黏。

第十七章 各式鬆動術／活動度運動 | 211

外側腳踝按壓與來回推拉

將一顆球放在腳跟／腳踝外側與地板中間。用一隻手固定球的位置,另一隻手將腳掌移動至完整屈曲範圍,以來回推拉滑動面。

交替旋轉:除了上下方向外,你的腳也可以左右轉動,以進行內外側活動。

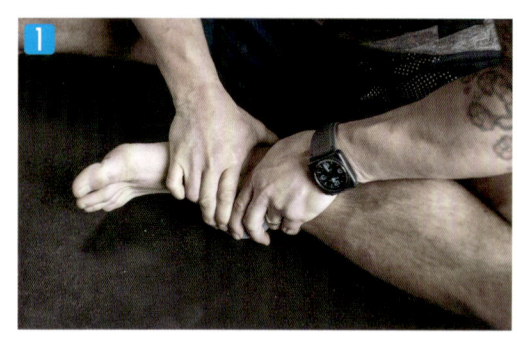

將球放在腳踝外側,並用手施壓。

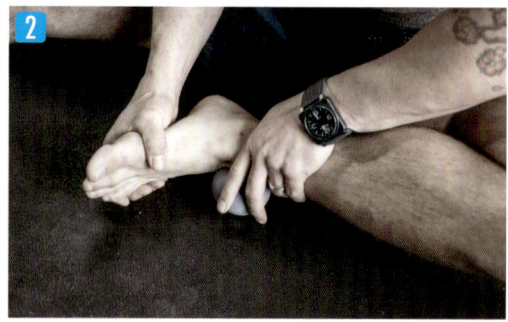

用一隻手屈曲與伸展你的足部,另一隻手持續將球壓進腳踝。

你應該會發現,當你將腳踝往球與地面壓時,可以按壓得更深。

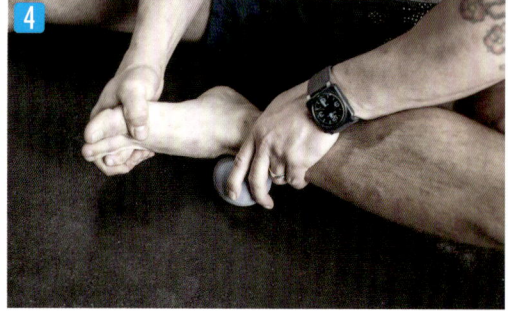

將足部上下左右轉動。試著找出能幫助你消除組織與筋膜沾黏、促進血液流動的部位。

內側腳踝按壓與扭轉

這項鬆動術的目標是為腳踝內側的筋膜與組織注入一些活力，並恢復滑動面功能。請從距骨下方的部位開始鬆動。

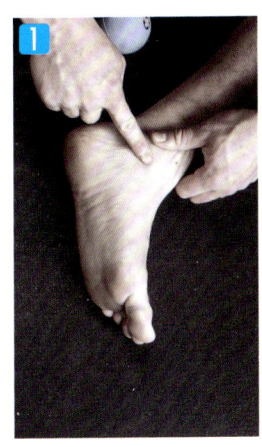

小腿

1 從腳踝內側靠近距骨的地方選一個點開始鬆動。

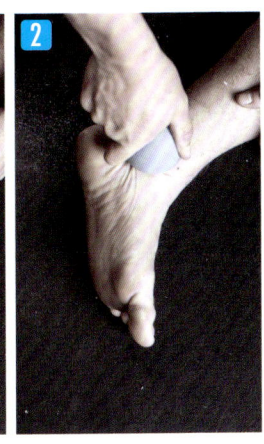

2 將瑜伽理療球或壁球（質地較軟、表面有點抓力）放在目標部位，固定好組織，然後扭轉球。

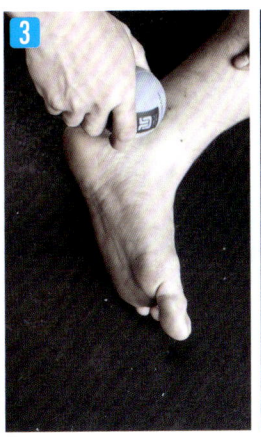

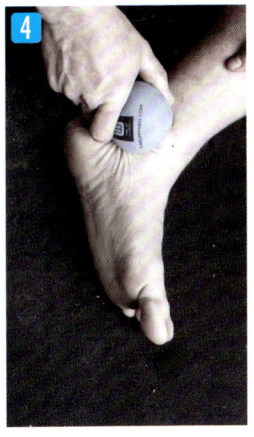

3 鬆動整個區域，找出沾黏的組織敏感點。

4 找到需要處理的組織後，將球深深壓入並扭轉。

第十七章　各式鬆動術／活動度運動　|213

小腿

雙球按壓與來回推拉

這項鬆動術針對的是脛骨，但請記住，這對足部也大有幫助，因為兩者連接在一起，關係就像是木偶與操控線。將一顆球放在脛骨（側腔室）與地板中間，另一顆球放在脛骨內側（前腔室）。從上方與下方深入組織，沿著脛骨上下鬆動。你可以和脛前疼痛告別了！

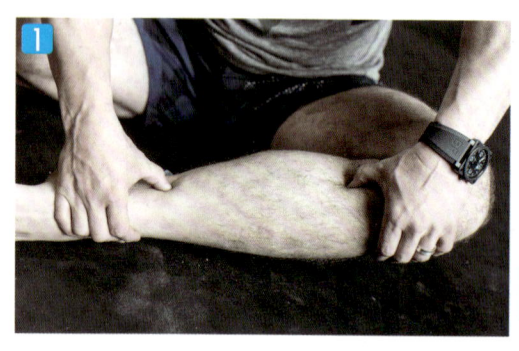

1

準備沿著整個脛骨鬆動。

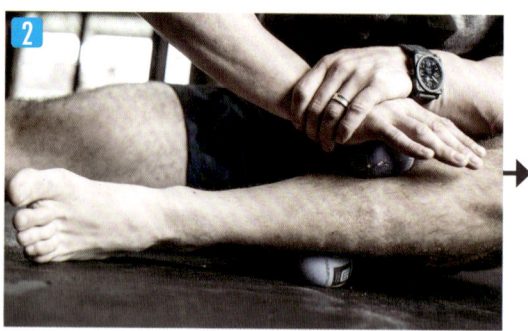

2

用雙手將一顆球壓進脛骨，另一顆球放在腓骨與地板中間，以達到雙重效果。

5

除了屈曲與伸展足部外，你還可以讓足部朝左右兩側旋轉。

6

雙手放在上方球，以施加最大力量。

小腿

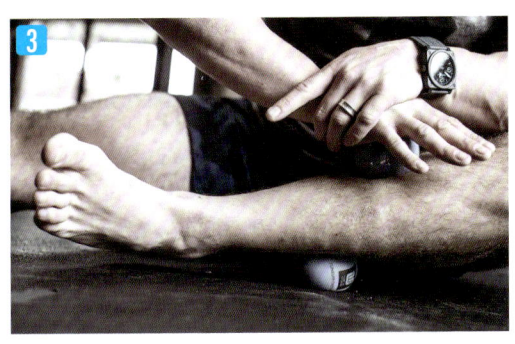

將上方的球從膝蓋附近滾動到腳踝。

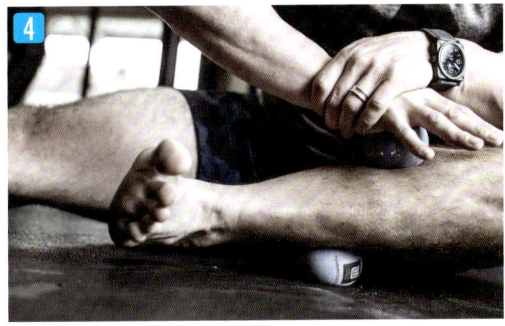

將腳抬離地面，收縮及放鬆你的腳踝，以達到深層來回推拉。

將上方的球沿著脛骨滾動，過程中繼續屈曲與旋轉你的足部。

小腿

雙球腳踝按壓與剝離

雖然跑步造成的急性疼痛與不適會出現在足部，但上游問題通常才是罪魁禍首。控制足部動作的所有組織都位於小腿。因此，如果你的足弓疼痛，別忘了檢查脛骨是否出現問題，並透過鬆動問題部位來改善。這項鬆動術將深入脛骨，讓你了解發生什麼狀況。

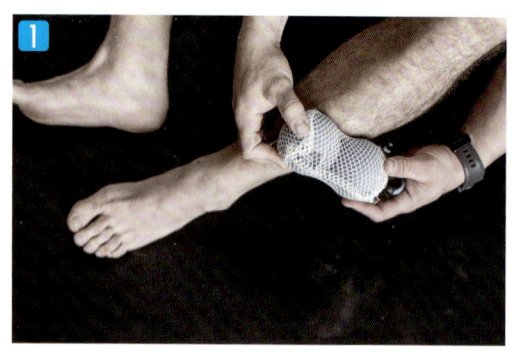

1

你會用到的工具是兩顆袋棍球或雙子棒（在照片裡，我使用的是米勒設計、網袋包裝的一對瑜伽理療球）。

2

利用你的身體重量施壓，緩慢地剝離組織，在兩顆球之間上下滾動你的脛骨。

腳掌與腳趾

足底鬆動術

取出一顆球，在足弓與腳掌上下滾動幾分鐘。利用自身重量施加壓力波（詳見 191 頁）。找出那些沾黏的小結節，並多花一些時間處理這些組織。你在追影集嗎？這是執行足底鬆動術的絕佳時機。

替代工具：也可用滾筒來做大面積滑動。

執行足底鬆動術時，最重要的原則是積極找出足部的組織敏感點，然後利用扭轉、壓力波與按壓等方式，讓筋膜、肌肉、神經與其他組織恢復活力，這些結構就像足部的彈簧片。

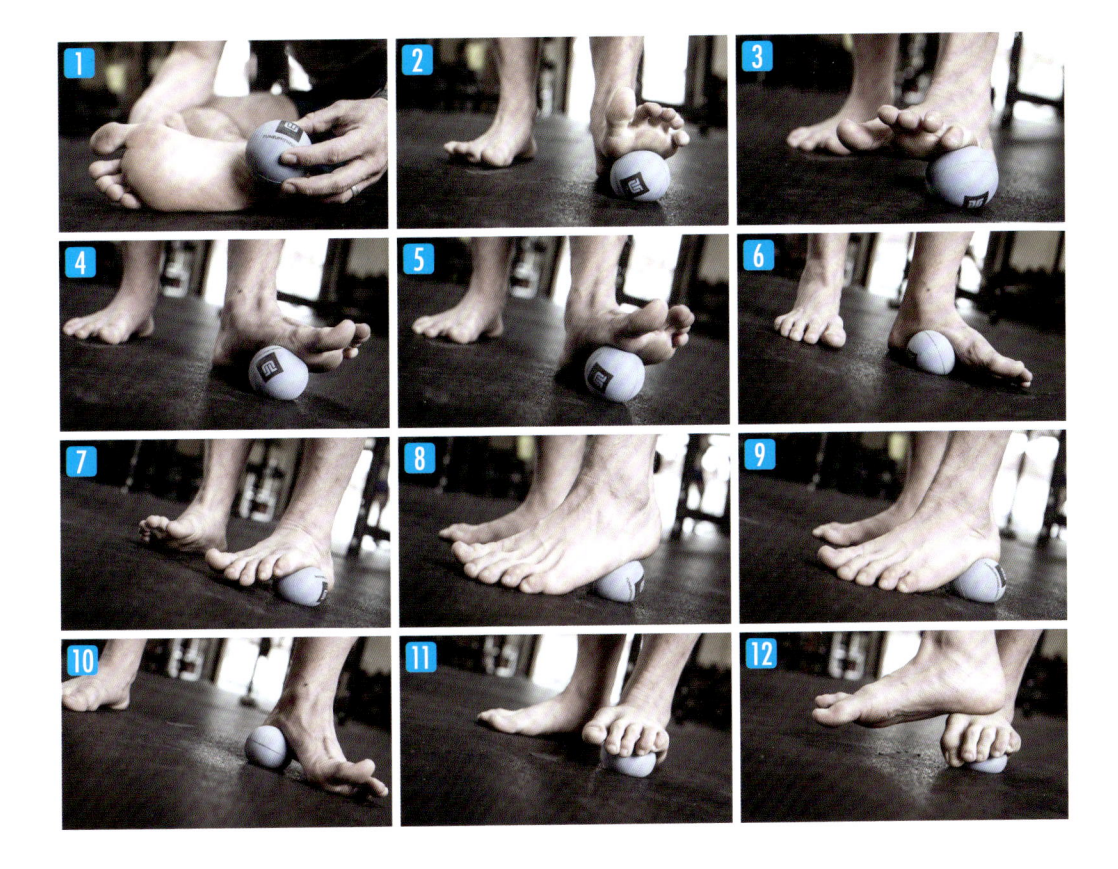

腳掌與腳趾

背屈

沒有什麼動作比下壓背屈更能喚醒腳趾了。跪在地上，身體稍微往後倒，讓腳趾背屈，並執行完整動作範圍。

跪在地上，如同短跑選手在起跑架就定位。維持這個姿勢，開始鬆動足部筋膜與肌肉。

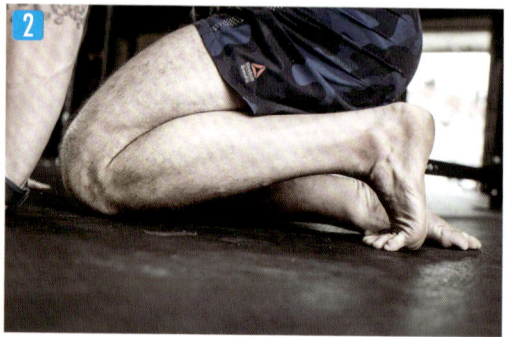

左右與前後移動，每隻腳花2分鐘專心鬆動。

蹠屈強化

這個動作看起來刺激，做起來也刺激。跪在地上，使用收縮及放鬆來恢復足部筋膜活力，並增加蹠屈動作範圍。

腳掌與腳趾

1 坐在地上，一隻腿完全屈曲，此時這隻腳處於蹠屈。

2 抬起膝蓋，你會發現整個腳背筋膜的反應非常強烈。

3 腳與膝蓋維持對齊，並努力做到最大程度的蹠屈。

4 維持在蹠屈動作範圍末端2分鐘，一邊做完換另一邊。鬆動一隻腳後檢查動作範圍，並與另一隻腳相比，看看改變有多大。

腳趾抓握

腳趾抓握類似足底鬆動術，但這個動作是在強化、展開腳趾。

張開你的腳趾。

嘗試以腳趾抓住小球，就像單手抓住籃球。

腳趾重生術

這項鬆動術的效果強大，能夠喚醒因多年穿著過度設計的鞋子而萎縮的腳趾（詳見第 5 章）。靈感來自伸展治療法（Stretch Therapy）的創始人勞克林（Kit Laughlin）。將你的手指夾到腳趾之間，接著上下左右扭轉你的腳，或將腳趾拉得更開。這也很適合在看電視時做。

你可以參考照片來獲得一些靈感。核心概念是將手指與腳趾交扣。

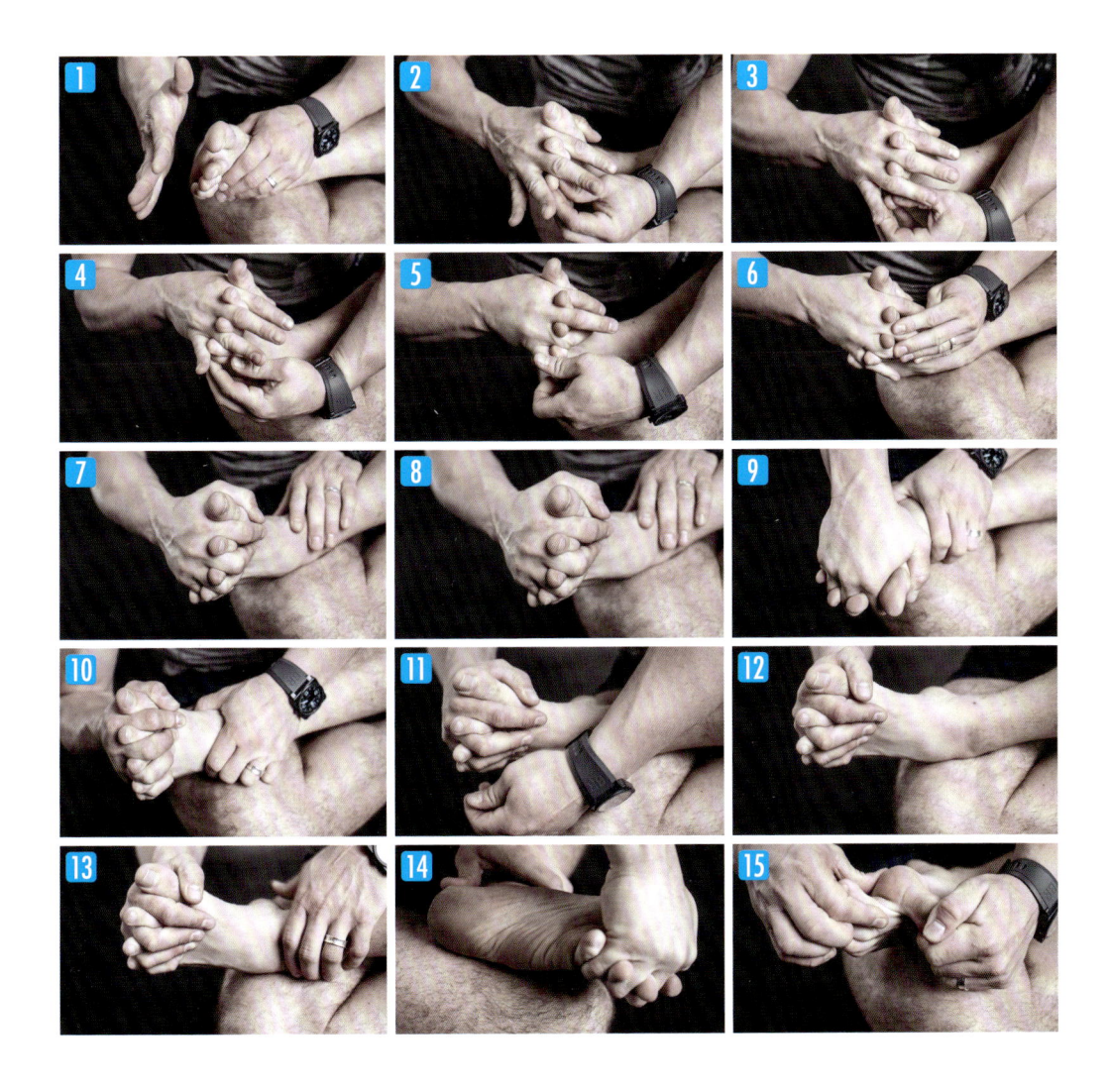

第十七章　各式鬆動術／活動度運動 | 221

大腿

內收肌群按壓

　　內收肌群對於每次足部觸地的穩定性至關重要。跑者經常將鬆動重點放在大腿後側肌群、髂脛束與股四頭肌，卻忽略了內收肌群的保養。內收肌群協助穩定背部，定期保養絕對會帶來助益。你可以用滾筒在大腿內側執行壓力波。

將滾筒放在大腿內側，放鬆，讓滾筒深入大腿。同側髖部往地板推，以增加壓力波深度。找出內收肌群僵緊部位並進行鬆動。

前髖部按壓

　　這項鬆動術是很棒的工具，能幫助你達成良好髖部功能標準（詳見第 8 章與第 9 章），也是緩解下背痛的絕佳方法。具體步驟是：用球按壓大腿前側與側邊的深層組織。每邊鬆動 10 分鐘，然後起身與另一邊進行比較。

1 鬆動前髖與臀肌上方區域的起點，就位於你的髖骨上方。如果你已跑步一段時間，這些區域的組織可能十分僵緊。這也代表你將立刻感受到這項鬆動術的威力。

2 將你的身體重量壓在球上，然後在緊繃的肌肉纖維上來回滾動。

3 旋轉股骨，為鬆動增添一些扭轉力量。記得要**維持呼吸**。

大
腿

大腿後側肌群來回推拉

大腿後側肌群是跑者的好幫手，特別是當你能妥善運用後側鏈強大肌群時（這才是正確的跑步方式）。請注意：**大腿後側肌群**由三條肌肉組成，它們共同合作屈曲你的腿部。這些肌肉都需要保養。具體步驟是：使用箱子（或椅子）與滾筒，透過壓力波的方式，沿著大腿後側肌群滾動，尋找僵緊組織的結節或結塊。找到這些組織敏感點後，要特別留意處理。

使用箱子或其他有高度、能提供支撐的平台，將滾筒放在大腿後側肌群下方。

旋轉、屈曲並伸展你的腿，以不同角度來鬆動組織。

夥伴協助大腿後側肌群按壓

　　這項鬆動術有點像泰式按摩：放鬆地躺在地上，讓夥伴沿著你的整個大腿後側肌群上下左右按壓。

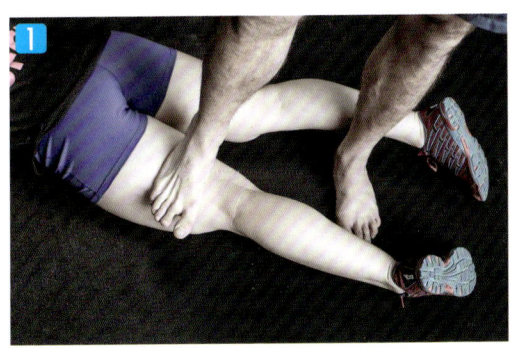

請夥伴赤腳踩在你的大腿後側肌群上，沿著整個組織深入按壓。

提醒他不要忽略大腿後側肌群上方區域。

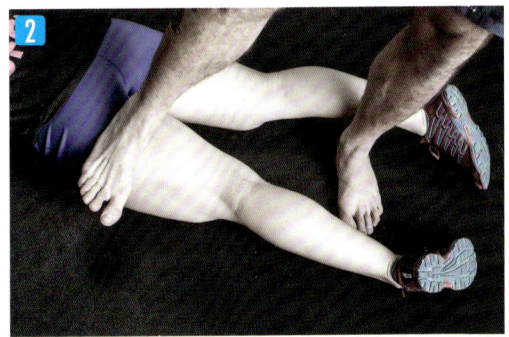

大腿

膝蓋 360 度

你的膝蓋會痛嗎？可以在膝蓋外側放雙袋棍球，內側再放一顆球，然後在膝蓋附近與上方滾動，以放鬆這些負責穩定膝關節的組織。

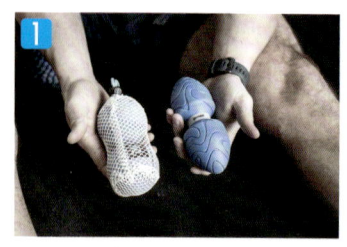

1. 照片的左邊是雙球組合，右邊則是雙子棒。你也可將兩顆袋棍球捆在一起。

2. 將工具擺好後，就可以開始鬆動膝蓋上游。

3. 身體向後傾斜，沿著組織按壓。

4. 旋轉腿部，並使用壓力波。

5. 在大腿內側放一顆疊球或超新星球，進一步鬆動膝蓋附近組織。

6. 屈曲並伸展上方腿以製造壓力波，滲透內收肌的緊繃部位。

膝關節彎曲打開間隙與按壓

這項鬆動術能有效消除膝蓋後方組織沾黏，也能夠改善小腿後側肌群僵緊。具體步驟是：將一顆球放在膝蓋後方，然後彎曲你的腿。透過移動足部並將足部置於身體下方（腳跟朝臀部拉）的方式來增加壓力與鬆動組織。

大腿

1 坐在地板上，將一顆球放在膝蓋後方。

2 彎曲腿部，讓球對你的組織產生擠壓力量。屈曲與伸展足部，以進一步鬆動組織。

大腿

髕骨按壓與來回推拉

面朝下趴著，將球放在膝蓋下方，然後開始鬆動髕骨附近的組織。旋轉你的腿，屈曲並伸展小腿與足部，徹底鬆動整個區域。

這項鬆動術（搭配其他膝蓋鬆動術）對於消除僵緊（經常表現為疼痛）的效果絕佳。具體步驟是：趴在地板上，利用球與自己身體重量來放鬆髕骨附近的組織。

夥伴協助股四頭肌按壓

夥伴幫忙按壓的好處是，你可以躺下、放鬆，並在組織承受虐待之際嘗試分心——想想即將到來的熱帶假期，或是類似的事情。

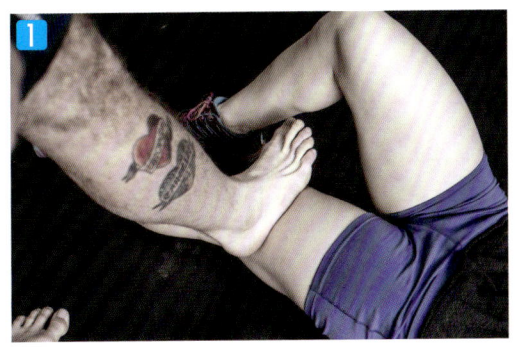

請朋友將腳放在你的股四頭肌上，施加一些壓力。

沿著股四頭肌按壓，並沿著股骨前側上下鬆動。遇到疼痛部位，請多花點時間處理。

大腿

滾筒股四頭肌按壓

將滾筒放在膝蓋下方，沿著整個組織按壓。放鬆並把組織壓向滾筒，來回滾動以達到最佳鬆動效果。

使用滾筒或戰鬥之星深層按壓股四頭肌，每邊持續 2 分鐘。這可以幫助你處理訓練造成的股四頭肌僵緊。

軀幹與髖部

彈力帶髖關節伸展，單腿深蹲

　　這個開髖的動作威力強大，能夠有效改善髖關節伸展（詳見第 9 章）。彈力帶提供牽引力量，有助於解決關節囊受限問題，且能讓你做出更大的伸展。具體步驟是：將彈力帶套在髖前皺摺附近，然後往後走，盡可能拉緊彈力帶。收緊你的臀肌與核心，膝蓋緩慢跪地（如圖所示）。然後重複動作。

1 面向深蹲架柱子，將彈力帶套在髖前皺摺上。往後走，讓彈力帶產生足夠張力。收緊臀肌，做出類似跨步蹲的預備姿勢。

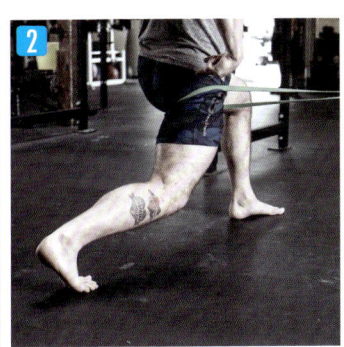

2 臀肌持續出力，核心繃緊，軀幹挺直，膝蓋慢慢跪地。

3 伸直雙腿，回到起始姿勢。

雙彈力帶髖關節牽引

這項鬆動術能有效恢復髖關節囊的健康與活力，也是改善髖關節伸展與屈曲（詳見第 8 與第 9 章）的重要武器。

這項動作需要兩條彈力帶。如果是針對右腿的話，將一條彈力帶套在右髖前側，另一條勾在右腳上。接著，將右腿往身體內側與外側來回移動。

整體腹部按壓

即便你的跑步姿勢良好，仍可能過度使用軀幹，因為後者在過程中必須不斷穩定身體。如果你曾被運動按摩治療師深層按壓腰肌，你就會知道它可能非常僵緊且引發極大疼痛。因此，不僅要全面鬆動腹肌，還要特別處理腰肌。

腰肌是一條長條狀肌肉，始於下腰椎，並延伸至骨盆下方，負責穩定脊椎、屈曲髖關節，並透過旋轉協助產生力量。然而，跑者的腰肌承受極大壓力，導致它非常僵緊。整體腹部按壓的步驟是：趴在地上，將一顆質地較軟的大球（例如洩氣一半的足球）放在腹部下方，沿著你的腹肌按壓，然後找到腰肌位置（壓到時會有感覺）並花一些時間處理。

軀幹與髖部

1 使用洩氣的足球或類似物品。我用的是米勒專為這類鬆動術設計的核心放鬆球。

2 趴在地上，將球放在腹部下方。深吸一口氣，閉氣幾秒，接著吐氣，放鬆並讓腹部沉入球裡。這可以讓你進一步深入腹肌。

3 沿著腹部鬆動，尋找特別緊繃的部位。找到腰肌並收縮及放鬆，以緩解該部位的緊繃。

腰肌按壓與來回推拉

為了更有效緩解腰肌緊繃，你可以使用壘球進行深層按壓。

1 請注意球在我腹部的位置，這就是你要深入按壓以觸及腰肌的路徑。

2 將你的身體重量壓在球上，分別處理左右兩側，搜尋並找出腰肌。

臀肌按壓與來回推拉

一顆簡單的球可以深入緊繃的臀肌，包括深層的旋轉肌群。髖部功能良好攸關身體穩定、預防受傷與力量輸出。這項鬆動術可以幫助你找出並處理深層的激痛點與組織敏感點。具體步驟是：取出一顆壘球或超新星球，將球放在箱子或椅子上，然後坐在球上。在按壓臀肌並找尋組織敏感點的過程裡，盡可能施加身體重量。

從大腿後側肌群下方開始鬆動，即膝蓋上方的位置。

將球放在箱子上，一路往上滾動至臀部，沿途尋找結塊的組織。

發現組織敏感點時，收縮及放鬆這些肌肉，來回按壓產生壓力波，並把球壓入組織裡。屈曲與伸展你的腿，以達到來回推拉的效果。

臀肌按壓

想執行更針對性的鬆動,可使用袋棍球在特定結節上按壓並來回推拉。

將袋棍球或瑜伽理療球放在臀肌下。

發現特別緊繃的區域時,將你的腿在球上來回旋轉。

髖關節囊旋轉

經常以不好的姿勢跑步，會導致髖部前側夾擠，進而限制你以中立雙腳走路與跑步的能力（詳見第 4 章）。這項鬆動術可以幫助你重新調整髖關節。具體步驟是：跪在地上，將身體大部分重量放在一邊膝蓋上。你的膝蓋骨應該位在髖關節正下方。將髖部往外側倒，身體重量持續壓在膝蓋上，然後前後移動軀幹。

軀幹與髖部

1. 雙手與膝蓋著地，將身體重量轉移到一邊膝蓋上。確認你的髖關節與膝蓋對齊。

2. 以膝蓋為軸心，髖部往外側推，想像你的股骨要在髖部刺出一個洞來。這可以讓你真正深入髖關節囊。

3. 將軀幹先往膝蓋後方移動，再往前移動，以鬆動髖關節囊的兩端。

第十七章　各式鬆動術／活動度運動　237

軀幹與髖部

後側鏈彈力帶來回推拉

請善用彈力帶來回推拉的技巧，這是維持強健的大腿後側肌群並促進組織內部滑動與相互滑移的最佳方法之一。這種來回推拉的動作也有助於改善髖關節位置。

背對深蹲架的柱子,將彈力帶套在髖部前側。向前拉開距離,以製造彈力帶張力。雙手放在你前方的地板,並開始屈曲與伸展你的腿。

軀幹與髖部

第十七章 各式鬆動術／活動度運動

單腿屈曲

這項鬆動術能夠改善與精進你的深蹲能力、髖關節屈曲與伸展，以及整體髖部功能。不需要任何設備，因此很適合加入你的日常行程。只要有幾分鐘空檔就可以做。當你進入這項鬆動術的關鍵階段時，請確實轉動股骨並打直背部，以尋找髖關節囊附近特別緊繃的結節與卡住的角度，就像使用開罐器一樣。

1. 將一隻腿往後伸展，前腳放在地板上。

2. 後方膝蓋跪地，並將髖部往地面推。

5. 手往外推的同時，軀幹往反方向延伸。

6. 這是從上方拍攝的角度。你注意到了嗎？你正在對髖部進行類似開罐器的動作。

軀幹與髖部

③ 上半身往內旋轉,如圖所示。將注意力集中在髖部特別僵緊的部位。

④ 將一隻手放在膝蓋並施壓,另一邊手肘往地面放低。

第十七章　各式鬆動術／活動度運動 | 241

背部

下背球按壓

跑步會對你的下背造成衝擊與損傷。維持脊椎中立穩固,是預防下背痛的第一道防線。即便如此,你仍得花時間探索下背組織並找出激痛點,以維持該部位強健。

具體步驟是:將球放在脊椎的一側,然後躺在上面。將同側手臂高舉過頭,並利用身體重量按壓下腰椎附近的僵緊組織。

目標區域位於下腰椎附近,請從這個地方開始按壓。

我們用的是按壓技巧,因此請先躺在球上並放鬆。記得維持呼吸。使用收縮及放鬆技巧,讓球更深入組織。

開始在球上緩慢移動,發現特別僵緊的部位時就使用壓力波技巧。

背部

4　髖部抬離地面,將更多身體重量壓在球上。當球在下背移動時,維持呼吸並放鬆,在僵緊或結節的地方多花一點時間。

5　轉動軀幹,讓球在你的組織下左右滾動。

背部

胸椎整體按壓

躺在地上，將滾筒或戰鬥之星放在你的胸椎區域，雙手交叉放在胸前，鬆動整個區域。雙腿往地板壓，以增加身體重量的壓力。將你的軀幹左右轉動。

如同第 6 章內容所說，許多長跑選手的上背與胸椎柔軟度都有問題。這會導致肩膀前傾，令運動員跑步時無法維持良好姿勢。這也可能導致頸痛，原因是頭部通常會向前突出，必須依靠肌肉來穩定，骨架無法發揮天生的支撐功能。

想解決這個問題，第一步是打開你的胸椎。這項鬆動術就能幫助你做到這件事。

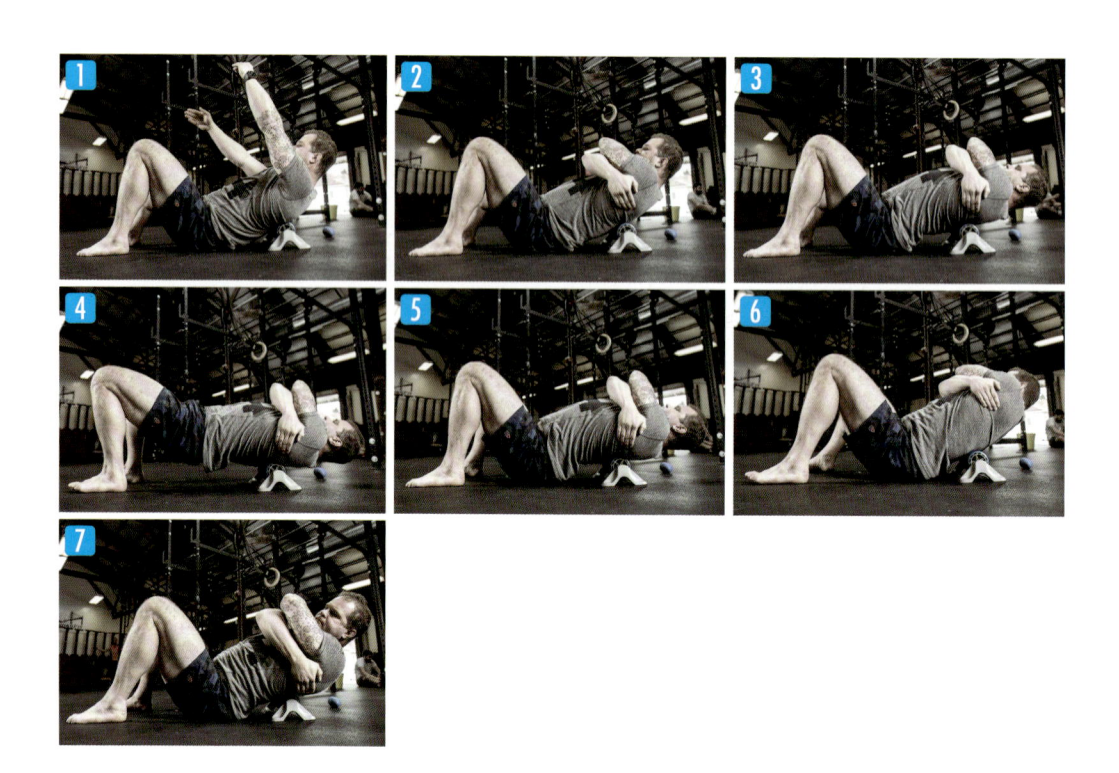

胸椎雙球剝離

為了沿著脊椎執行更針對性的鬆動，可以用雙袋棍球組合或雙子棒來剝離與脊椎骨相連的組織。

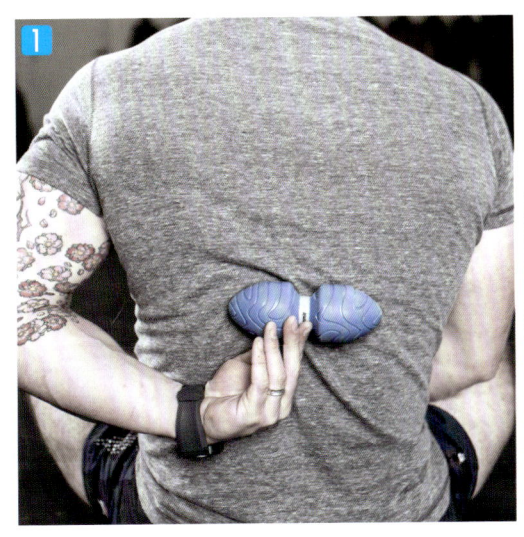

1. 將工具（我使用的是雙子棒）放在脊椎下。

2. 躺在工具上，將工具滾至胸椎區域。雙手環抱身體，以收緊鬆弛的組織。

3. 雙腳往地板推並抬起髖部，將工具往上背與脖子底部滾。

4. 在每一節脊椎停留，並左右滾動以解開僵緊的組織。

肩膀

肩膀前側鬆動術

如果柔韌的胸椎標準是你的弱點，那你可以針對肩膀前側進行鬆動。這可以幫助你擺脫上背僵緊造成的不良姿勢與關節位置。

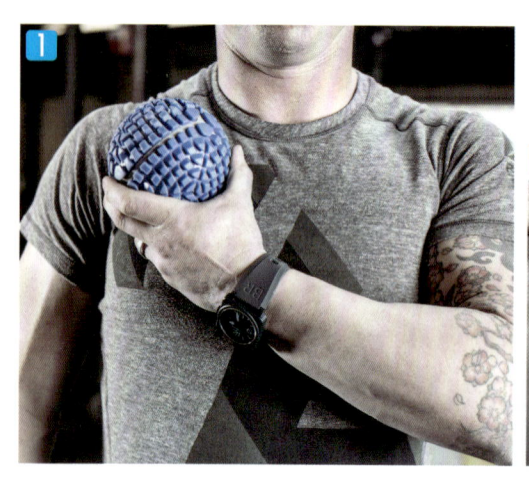

1 你的目標區域在此。

2 趴在地上，重量壓在肩膀前側，手臂高舉過頭。

3 將手臂移至水平位置，身體重量壓在球上。

4 將手臂繞到下背，身體重量壓在球上。

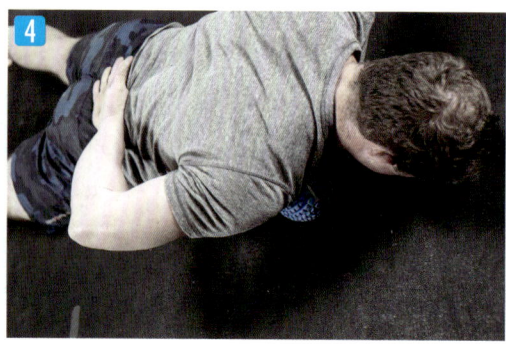

惡霸彈力帶鬆動術

作為胸椎鬆動的一部分，你可以透過這項鬆動術來重新調整肩關節。具體步驟是：將彈力帶套在腋窩，身體往前傾，拉緊彈力帶。將頭轉向另一側，以加強鬆動效果。

肩膀

1 將彈力帶套在左邊肩膀，拉開距離以製造彈力帶張力，並對肩關節施加牽引力量。你應該感覺到肩膀被拉回關節囊內。

2 將左手繞到下背，右手抓住左手。

3 將左手從下背位置往上往前拉提。

4 頭轉向右側，進一步來回推拉該區域組織。

第十七章　各式鬆動術／活動度運動　247

PART 4

You have the mindset, you have the tools, and you have the talent. Where to now? In these final pages, I want to give you some weaponry. Engaging the 12 standards with focus, lifestyle changes, and mobility work is your starting point, but the life of an athlete is never without new challenges to confront, work through, and learn from. Let's talk a bit about some particular and common injury problems that running tends to serve up, and about how to get the most value out of the sports medicine world that's out there waiting to help as you continue to push the envelope.

第四部

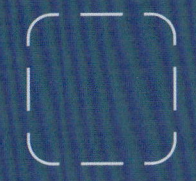

你已經擁有正確心態、各式活動度工具與卓越的天賦。接下來該怎麼做呢?在最後幾章,我想給你一些武器。專注於達到 12 項標準,改變生活習慣並執行活動度訓練,是你的起點。但運動員生活總是充滿新挑戰,需要去面對、克服並從中學習。讓我們簡要地討論一下跑步容易引發的特定與常見傷害,以及如何善用運動醫學領域資源,幫助你不斷突破極限。

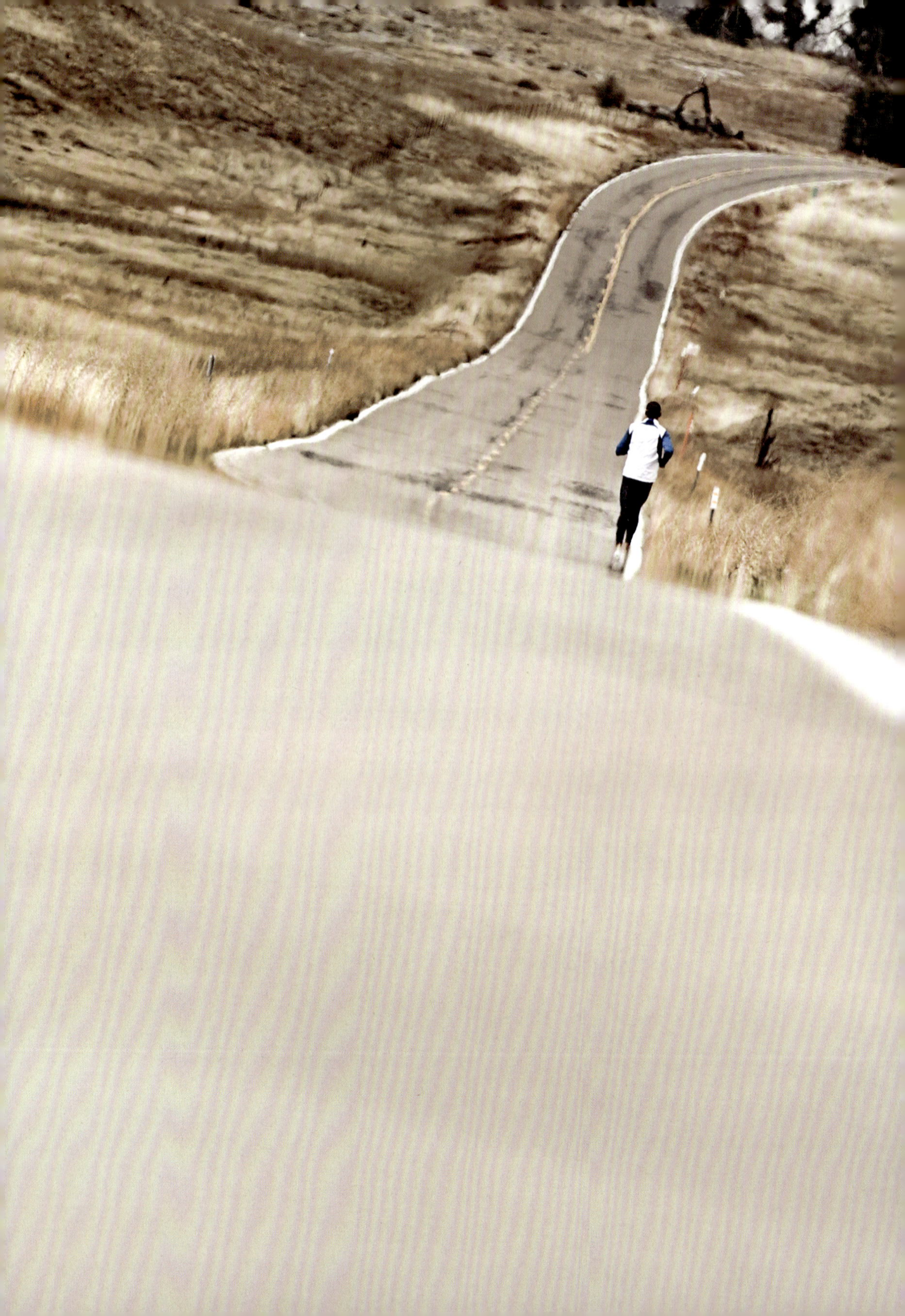

第十八章

解決常見的跑步傷害

現在你應該已經明白，跑步傷害並不是難解的謎，而是物理與生物機制的結果。請將這些傷害視為訊號，揭示了你在動作力學、動作範圍的不足。妥善處理這些傷害，能讓你跑得更快、更久與更好。

本章將概略回顧前面的章節，但我也會提供一套基本計畫，幫助你處理常見的跑步傷害。如此一來，你就能知道如何運用本書提供的活動度運動來解決跑步造成的慢性疼痛。該計畫分為兩階段，但你可以同時進行：

1. 當慢性疼痛出現時，請研究你的力學與姿勢，找出問題的根本原因。比方說，足弓疼痛可能是臀肌與下背無力與失衡的表現。逐一檢視這些姿勢標準：中立的雙腳、高效率的深蹲技巧、髖關節屈曲與伸展，以及足部與腳踝動作範圍。

2. 先顧好姿勢與力學，再來治療症狀。除了處理問題區域，也別忽略該區域的上下方，也就是「上下游」。比方說，如果你膝蓋疼痛，每天記得分配一些時間處理膝蓋下方（小腿後側肌群）與上方（大腿後側肌群、股四頭肌與臀肌）區域，這

可以減輕問題區域的壓力。組織系統稍微放鬆後，你可以用巫毒推拉帶擠壓（詳見 150 頁）來降低疼痛部位的發炎，並改善敏感點的滑動面功能受限問題。

如果你做完這些事情後，還是看不出變化（症狀通常會改善），此時應該回顧自己嘗試的方法與結果，並請教你信任的運動醫學專家。

為了幫助你了解如何使用這套方法，以下介紹一些常見的慢性跑步傷害，以及你可以採取的處置方式。

足底筋膜炎

足底筋膜炎是跑者與運動員常見疾患。足底筋膜是位於腳底的大片結締組織，形狀像是三角形，逐漸收窄至腳跟並與跟骨相連。

足底筋膜炎是一個籠統的名稱，泛指腳底區域的慢性疼痛。原因可能是神經末梢遭壓迫或滑囊發炎。最終結果是每次觸地都痛，嚴重影響你跑步。

當你足底發疼時，必須像運動員一樣積極處理問題。首要任務是開始分析自己的動作力學，以找出問題根源。腳跟著地的跑者經常出現足弓慢性疼痛。髖部無力或中軸穩定度不佳也是可能原因。

你也要留意足部背屈與蹠屈。若是動作範圍受限的話（如標準 7 測試結果所示），就可能導致足弓疼痛。如果你有足底筋膜炎病史，請優先處理腳踝活動度問題。

為了迅速緩解足底筋膜炎疼痛，你必須處理問題區域的上下游。這意味著選擇並執行能改善腳趾

（特別是大腳趾）、跟腱與小腿後側肌群動作範圍的活動度運動。這樣做有助於放鬆整個足部系統。

你也可使用巫毒推拉帶擠壓來加速恢復。請參考 150 頁介紹的方法。纏好足弓後，花幾分鐘屈伸你的足部。這能夠來回推拉滑動面並促進淋巴系統循環。

你也可以用瑜伽理療球或袋棍球直接按壓足弓組織。請參考 217 頁開始的足部鬆動術。

請找出那些令系統僵緊的打結組織。深入按壓這些組織敏感點，讓足弓恢復一些彈性。將這些鬆動術融入你的日常生活，但最重要的是：在你起身踏下床前，先做這些動作。你可以將它視為暖身必做的一部分。

髂脛束症候群

與足底筋膜炎相同，髂脛束症候群也是一個總稱，指的是與髂脛束有關的傷害。疼痛位置通常在膝蓋外側。這問題通常發生在跑者身上。

髂脛束非常驚人。回想我第一次從大體剝離髂脛束時，它的厚實程度令我吃驚。它幾乎與所有部位相連，包括臀肌、大腿後側肌群與股四頭肌等。

因此，請仔細檢視你的力學並找出動作瑕疵。髂脛束症候群通常是髖部無力與膝蓋內夾所致，也就是你的膝關節往內塌陷，擺腿時足部不是直直往前，而會往外畫弧，導致腳跟以糟糕的方式著地。

別以為你可以「拉長」髂脛束。它非常強韌，甚至可用來懸吊汽車！相反地，你應該透過處理問題部位上下游的方式來放鬆整個系統。深入你的髖部上方區域，特別是髖部側邊。鬆動大腿後側肌群

與股四頭肌（詳見 224、225 與 229 頁）也會產生類似的放鬆效果。你可以用巫毒推拉帶擠壓（詳見 150 頁）發炎的敏感點。

將球放在膝窩，屈曲腿部來打開關節間隙（詳見 192 頁），以達到緩解疼痛的效果。請小心膝蓋後方的神經肌肉束，如果你感覺到奇怪的、類似神經痛的疼痛，請馬上停止並移開按摩球。這個地方不能亂按。

跑者膝

這種棘手的毛病會讓跑者膝蓋內側每次著地都發痛。讓我們先討論力學機制。你猜得沒錯，跑者膝通常是力學不佳的結果。雙腳未處於中立位置、膝蓋內夾，導致關節內的結締組織與軟骨磨損。

此問題的解決方法是調整姿勢，並改善動作範圍（髖關節屈曲與伸展）。

在膝蓋四周執行巫毒推拉帶擠壓（詳見 150 頁），並活動膝關節至完整動作範圍。鬆動膝蓋的上下游（小腿後側肌群、脛骨、大腿後側肌群與股四頭肌與臀肌）來放鬆整個系統。

脛前疼痛

對於跑者、足球員、籃球員與其他進行大量跑步的運動員而言，脛前疼痛都是麻煩的病症，特別是當他們得在堅硬的地面（如跑道或球場）跑步時。

你現在應該知道該怎麼做了：檢查自己的姿勢與力學並調整它們。拿出你的巫毒推拉帶，纏繞在問題區域，並花幾分鐘屈伸足部。

除了腳踝背屈與蹠屈外，也別忘了將小腿與髖部鬆動術加到你的活動度計畫裡。

將一顆袋棍球放在脛骨與地面之間（可參考214~216頁的活動度運動），緩慢地按壓脛骨前側，將球沿著整個脛骨上下滾動（從腳踝到膝蓋）。

最後，鬆動問題區域的上下游部位，包括你的跟腱、腳底、大腳趾與大腿。

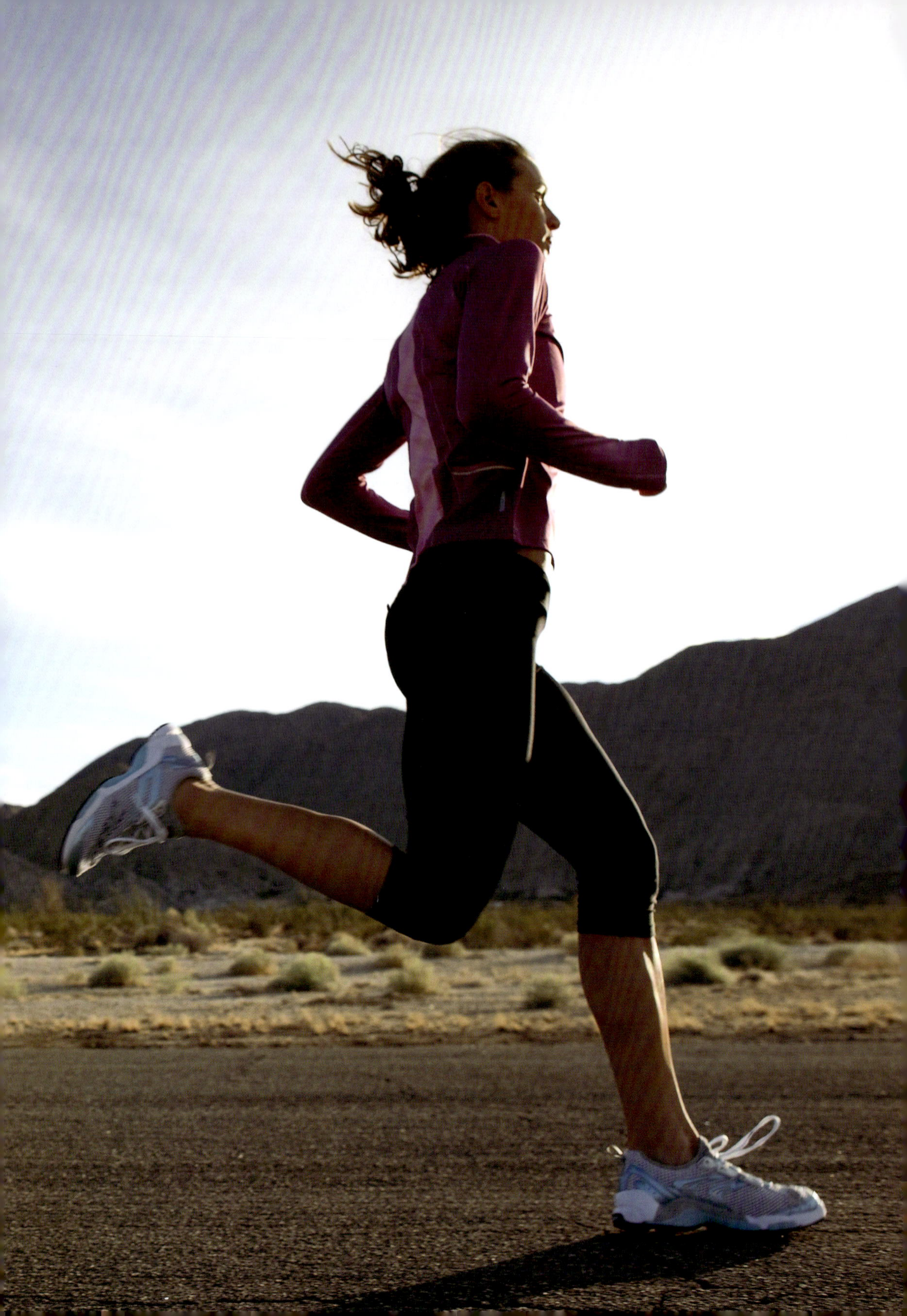

第十九章

積極自我保養，提升運動醫學效果

我想向你介紹兩項重要原則，我自己深信不疑，也希望你從中獲得啟發。乍看之下，這兩項原則似乎相互矛盾。但實際上就像鐵與碳結合變成鋼一樣，能彼此補足且發揮更強作用。

原則 1：所有人都應該能對自己的身體進行基礎保養。

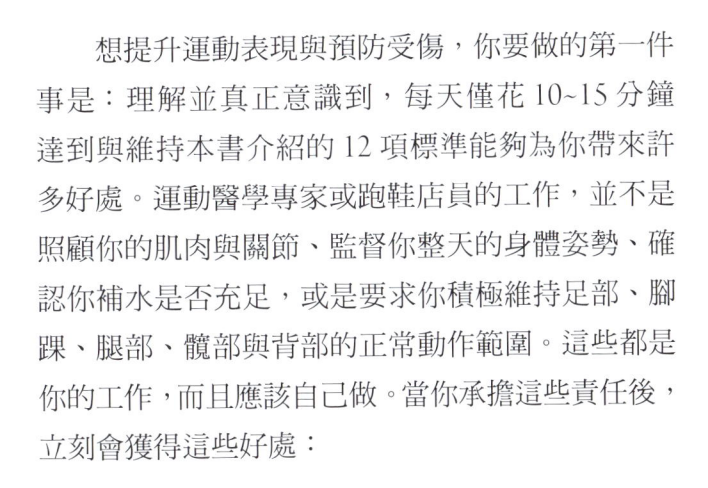

想提升運動表現與預防受傷，你要做的第一件事是：理解並真正意識到，每天僅花 10~15 分鐘達到與維持本書介紹的 12 項標準能夠為你帶來許多好處。運動醫學專家或跑鞋店員的工作，並不是照顧你的肌肉與關節、監督你整天的身體姿勢、確認你補水是否充足，或是要求你積極維持足部、腳踝、腿部、髖部與背部的正常動作範圍。這些都是你的工作，而且應該自己做。當你承擔這些責任後，立刻會獲得這些好處：

・你可以一天 24 小時保養身體，全年無休。
・你可以分析自己的動作力學，發現問題，並量身

打造符合自己需求的鬆動術計畫,在這個過程中學習到寶貴知識。
- 你將學到一套新的、專屬於自己的動作與力學語言,這些技巧將在你訓練期間或耐力運動最艱難的時刻發揮作用。當動作開始變形時,你將知道如何重新調整並繼續前進。

最後,當你需要尋求物理治療師、醫療診所或運動按摩師的幫助時,這些知識將能派上用場。你不再只是填寫保險表格、將問題丟給別人,而是確保每一分錢都花得值得。

這也延伸出第二項原則:

原則 2:當你求助於整脊師、物理治療師、運動醫學診所或其他身體治療專家時,請與他們分享你自己辛苦獲得的知識。

當物理治療師詢問你迄今採取哪些措施來解決問題時,請準備好清單,包括你做過哪些鬆動術與擠壓法、如何調整力學,以及你在身體保養方面嘗試過哪些方法。

首先,這份清單肯定會讓治療師大吃一驚。為什麼呢?因為根據我個人經驗,當我問我的物理治療客戶相同問題時,他們的回答幾乎都一樣,那就是「什麼事都沒做」。

如果你能帶著訓練日誌裡的幾頁資料去診所(裡頭詳細記錄著你嘗試過的事物、哪些方法有效或無效),物理治療師就能更迅速、有效地協助你解決問題。這些質量兼備的資訊能幫助治療師發揮專業能力,讓他們精準鎖定問題。

沒錯，我鼓勵你對自己的身體進行基礎保養，但這並不意味著我希望你不要去看醫生。最理想的情況是：你找到一位非常專業且致力於幫助你達到最佳健康與表現的物理治療師，並與這位治療師建立長期合作關係並持續交流。

要求你遵守「全年無休」（詳見 187 頁）原則的另一個原因是，實現本書的 12 項標準並達到最佳活動度是一場終生戰役，永遠沒有結束的一天。尋求值得信任的專家協助是非常重要的，讓他們共同為你的長期健康與運動表現努力吧。這不僅能讓你以較少的醫療花費獲得更多回報，還能幫助你免於重大傷害，不至於從跑者淪為室內滑步機專家。

因此請接受這個挑戰吧：下次你打算求助運動醫學專家時，請帶上你正在做的身體保養資訊，越詳盡越好。讓他們大吃一驚。當他們看到你如此全心投入，肯定會更認真地回應你，給你更多意見。

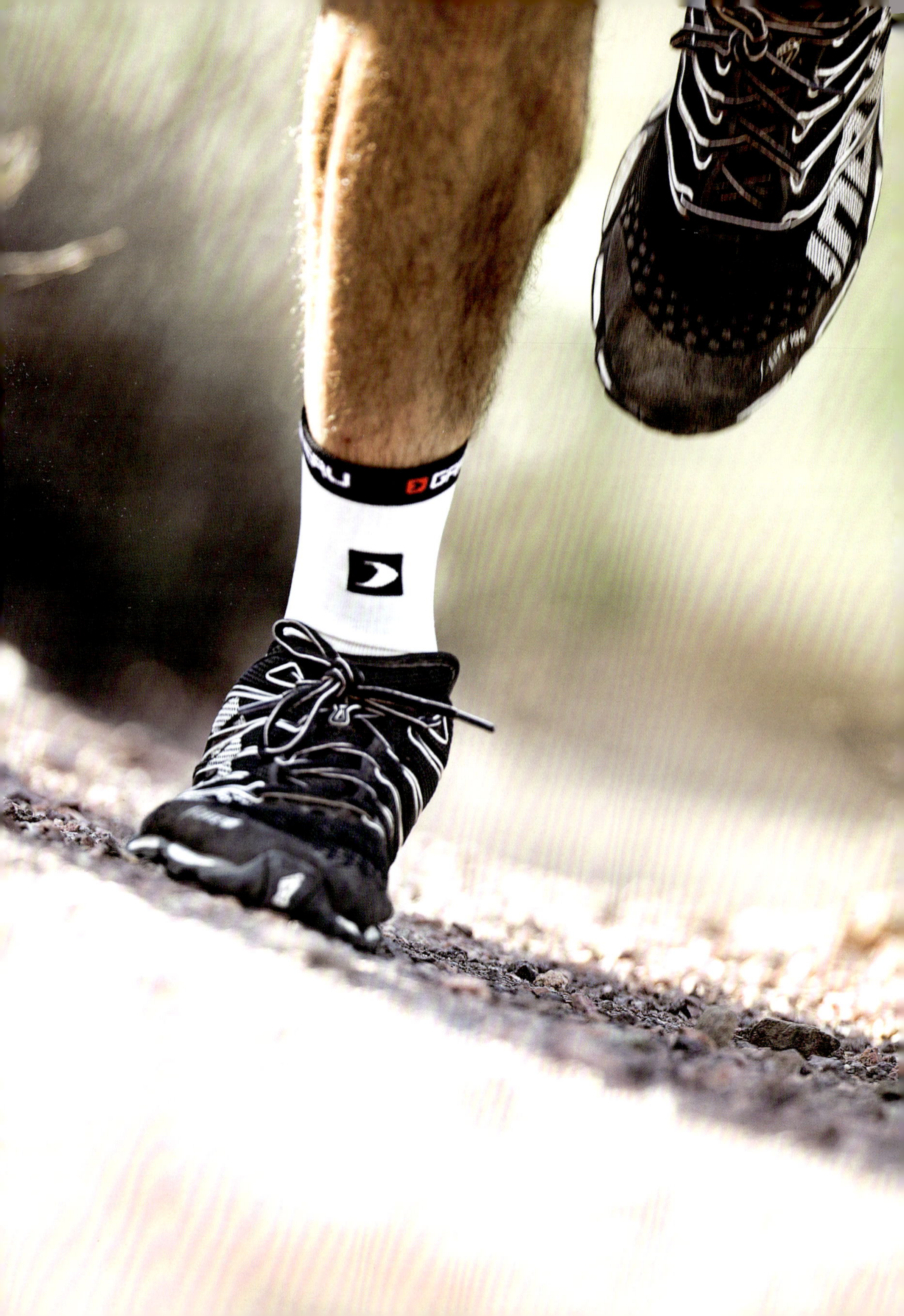

結語
最後的叮嚀

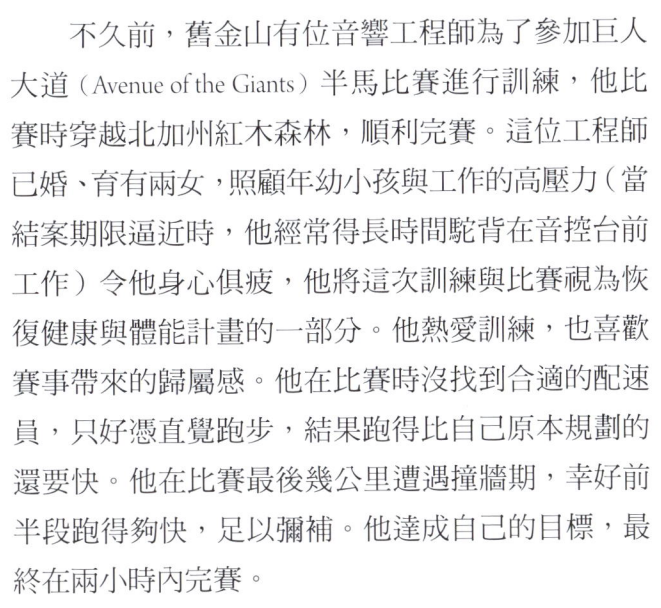

不久前，舊金山有位音響工程師為了參加巨人大道（Avenue of the Giants）半馬比賽進行訓練，他比賽時穿越北加州紅木森林，順利完賽。這位工程師已婚、育有兩女，照顧年幼小孩與工作的高壓力（當結案期限逼近時，他經常得長時間駝背在音控台前工作）令他身心俱疲，他將這次訓練與比賽視為恢復健康與體能計畫的一部分。他熱愛訓練，也喜歡賽事帶來的歸屬感。他在比賽時沒找到合適的配速員，只好憑直覺跑步，結果跑得比自己原本規劃的還要快。他在比賽最後幾公里遭遇撞牆期，幸好前半段跑得夠快，足以彌補。他達成自己的目標，最終在兩小時內完賽。

這可說是一場全面勝利，除了一個問題：他出現脛前疼痛。每次著地時，疼痛會迅速蔓延到小腿部位，導致這位工程師無法繼續跑步。

因此，他去看了醫生。這是許多跑者、CrossFit選手與各式運動員的共同經驗。他向醫生描述自己的問題與疼痛。

這位醫生給了什麼回應呢？要猜猜看嗎？醫生聳了聳肩，然後開出這個處方：

「停止跑步。」

這位音響工程師才剛接觸跑步，他心想：天哪！就這樣嗎？我的跑步生涯結束了嗎？

不，並不是這樣的。

讓我們延續前一章內容並進一步討論。作為運動員，你必須區分自己是因為健康問題還是疼痛而去看醫生。如果你有奇怪、不太對勁的疼痛或疾病，看醫生可幫助你排除重大疾病風險。比方說，足部疼痛的原因，是腳跟輕微發炎或疲勞性骨折？又或者，如果股骨深處出現疼痛，你必須確認這不是骨癌的徵兆。

一旦你排除危及健康（或生命）的可能性，並確定這僅是因為跑步帶來的持續性疼痛，就可以忽略醫生要你停止跑步的建議。正如超馬醫學博士紐克斯（Tim Noakes）所建議的：如果醫生平常沒在運動，就不必把他的話當聖旨。

以這位音響工程師的例子來說，僅因一次脛前疼痛發作就放棄自己剛愛上的運動，實在太荒謬。對他來說，最簡單、有效的解決方法是培養中立雙腳的習慣，並提高足部與腳踝組織的力量與韌性（可以從跳繩與花一些時間按壓與來回推拉這些組織開始）。但比較辛苦的是，在他決定該怎麼做之前，得先篩選一大堆混亂的資訊。有些人可能建議他停止跑步。也有人會說「你需要換一雙跑鞋」。

總結來說，我想再次強調：作為運動員，你應該自行處理九成的身體保養工作。除了緩解症狀外，你也得投入時間與心力修正更深層的問題，像是調整動作力學與姿勢，以及提升你做到這些姿勢的能力。

> 作為運動員，你必須區分自己是因為健康問題或疼痛而去看醫生。一旦你排除危及健康（或生命）的可能性，就可以忽略醫生要你停止跑步的建議。

在這本書裡，我已經提供了大量資訊，並對你提出許多要求。這 12 項標準的基本概念與必須達到的水平，可能令你感覺無力招架。我也知道，每天擠出 10 分鐘令你倍感壓力，畢竟你又多了一件事要做。但我可以保證：在你嘗試這些概念與技巧後，你會發現回報十分豐厚。你會想要做更多、學更多並多方嘗試。

我不希望你在還沒嘗試這些概念與獲得初步成果前，就闔上這本書。如果你的時間非常緊迫，請至少試行一週。試試看這些方法，我只要求你每天花幾分鐘時間。我希望你全力以赴，並留意自己感受到的變化。我有信心，一旦你接觸到這些方法，你會想要投入更多時間徹底執行這個計劃。

你可以先嘗試一週，把這個動作與活動度計劃的內容大致走一遍。如果你發現身體出現一些正面變化且希望更進一步，就可以直接拿這些標準來測試自己，並開始朝著「準備好跑步」的目標邁進。

動作與活動度計畫：一週範例

週一	週二	週三	週四
髖關節伸展：沙發伸展（詳見 114 頁），每邊執行 2 分鐘。	髖部功能：在深蹲姿勢停留總共 4 分鐘，如有需要可用桿子支撐。	足部：足底鬆動術（217 頁），每邊執行 2 分鐘。	外側腳踝按壓與來回推拉（212 頁）與內側腳踝按壓與扭轉（213 頁）。
喝 3 公升的水，至少一部分加入電解質。	喝 3 公升的水，至少一部分加入電解質。	喝 3 公升的水，至少一部分加入電解質。	喝 3 公升的水，至少一部分加入電解質。
練習穩固步驟（65 頁），至少做 3 次。	運動前務必暖身，運動後收操。	工作或在家時，至少穿著平底鞋幾個小時。	白天工作或在家期間，打電話或看電視時可以做一下沙發伸展（114 頁）。將沙發伸展（每一邊做 2 分鐘）融入你的日常生活裡。

週五	週六	週日
胸椎整體按壓（244頁）與大腿後側肌群來回推拉（224頁）。	赤腳週六（71頁）與滾筒股四頭肌按壓（230頁）。	臀肌按壓與來回推拉（235頁）。
喝3公升的水，至少一部分加入電解質。	喝3公升的水，至少一部分加入電解質。	喝3公升的水，至少一部分加入電解質。
收操時，加入你選擇的活動度運動。	再次練習穩固步驟。今天目標是做5次。	喝杯啤酒、與朋友或家人一起打屁聊天，並享受熱水浴。如果你家沒有大型熱水浴桶，也可以用浴缸泡個熱水澡。

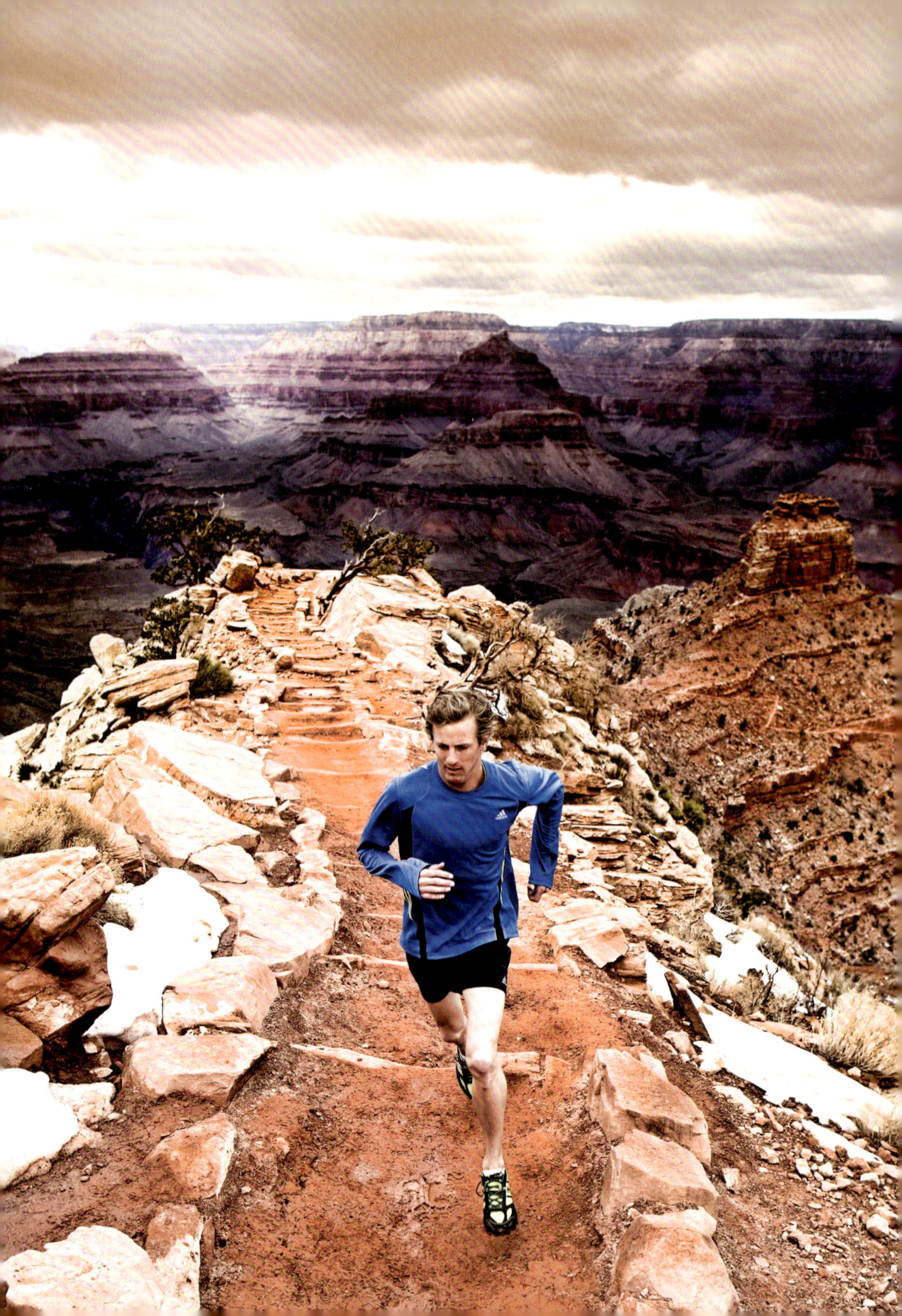

跑步的力量

持續精進自我

　　跑步是所有運動員都會做的運動。無論你是踢足球、參加鐵人三項、進行 CrossFit 訓練，或是玩飛盤，都需要跑步。但一個常見的問題是：運動員花費大量時間磨練與自身運動相關的各種技巧，卻沒有在跑步方面投入同等心力。大家似乎認為，這些訓練已經讓我的體能很棒了，跑步應該沒什麼問題了吧。但你和我都清楚，如果沒有達到 12 項標準（比如腳踝活動度不足或髖部功能欠佳），根本不可能跑得好。如果你跑得不好，就不可能跑得快，甚至可能因為受傷而完全無法跑步。

　　努力達到並維持跑者身體調校指南的 12 項標準，是永無止境的過程，需要你發揮創意、用心與專注。你是否 12 項標準都要做到最好，才能發揮跑步潛能呢？或許不必，但盡可能達標仍有許多好處。我開車出門時習慣把油箱加滿，就算只是到城市另一頭也一樣。如此一來才有緩衝空間，讓我能專心思考與處理其他事情。

　　那麼，讓我們來談談你該如何持續精進自我吧。接下來該怎麼做？在你逐步達成 12 項標準後，可以參加 CrossFit Endurance 訓練計畫，或是 Pose

Tech 訓練機構（編按：推廣羅曼諾夫博士姿勢跑法的機構）舉辦的研討會，並持續精進你的跑步力學。所謂「準備好跑步」，指的是你能夠掌握正確的姿勢與動作模式，這就像是威力強大的組合拳。

其次，你可以持續關注 MobilityWOD.com 網站。這個網站記錄了我們在餐桌上討論的話題（包括如何解決運動表現問題與發揮人類潛能），同時也是我們實驗新想法的地方。下面是一些經典的「每日運動」影片連結，能夠幫助你理解本書核心概念與技巧。

消除組織沾黏

對於經常跑步、跳躍與著地的運動員來說，滑動面功能障礙與全身僵緊是常見的問題。這部影片將教導你如何徹底消除組織沾黏。
https://www.youtube.com/watch?v=Q8vay90655Q&t=130s

伸展髖關節

髖部上方區域僵緊會限制腿部內旋的能力。如果伸展與內旋受限，你將無法有效地使用大腿後側肌群，足部也可能異常擺動、力量傳輸不佳。這段影片會教你如何放鬆這個部位。
https://www.youtube.com/watch?v=mNGRadx0Q1M&t=7s

冒煙的煞車

下坡跑步通常會對股四頭肌與相關肌肉帶來極大壓力，特別是崎嶇的山坡跑步。可參考這部影片

提供的解決辦法。

https://www.youtube.com/watch?v=OlVMcq2kSyk

脫水的國度

正如我先前所說：人體是由多個系統組成的整體。有煙的地方就有火，有火的地方就需要水。別讓你的小腿肌肉變成牛肉乾。該補充水分了！

https://www.youtube.com/watch?v=tYp1U8-c7h4

你的彈簧

想知道你的足部為何問題那麼多，可以想想它每天承擔多少工作。接著，你可以上一堂解剖學課，切開大體的腳，了解裡面的狀況。或者，你也可以透過這部影片來了解一下。

https://www.youtube.com/watch?v=OtUDPe-hF08

愛護跟腱

你打算參加 CrossFit Endurance 計畫或姿勢跑法研討會嗎？可以先觀看這部影片，為徹底改造下肢做好準備。

https://www.youtube.com/watch?v=aLj_VkfQzJI

內側鏈運作

本書經常提到後側鏈，但我們也不能忘記內側鏈（medial chain，腹股溝與大腿內側）的重要性，以及在整體力學的作用。別忘了，人體是由多個系統組成

的整體。

https://www.youtube.com/watch?v=hdz5K2fUTYM

大腿後側肌群的天堂

伸展是非常累人的事。想讓大腿後側肌群恢復一些活力？你可以找好友幫忙，一起鬆動腿部。

https://www.youtube.com/watch?v=y0ayugSjKZA

難纏的髂脛束症候群

如果你有「髂脛束症候群」，在你對自己穿的鞋子抓狂之前，請先看看這部影片。

https://www.youtube.com/watch?v=KdHah3xPx6E

深蹲的威力

如果你認為達到深蹲標準超出你的能力，不妨看看我阿姨（參加過五次中年鐵人三項比賽）的例子。她非常擅長運用原始計時工具（也就是杯子，畢竟山頂洞人沒有時鐘）來為深蹲測試計時。她的做法是蹲著慢慢喝一杯紅酒，等酒喝完，也差不多保持蹲姿 10 分鐘了。

https://www.youtube.com/watch?v=OFGbTAR0Xgo

麥肯錫教你暖身

CrossFit Endurance 教練、超馬選手麥肯錫教你跑步前如何暖身。

https://www.youtube.com/watch?v=KxKXpJVxxXo

參考資料

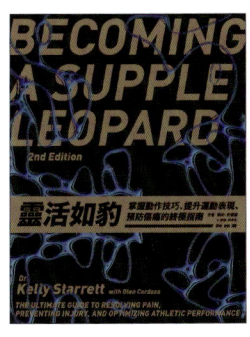

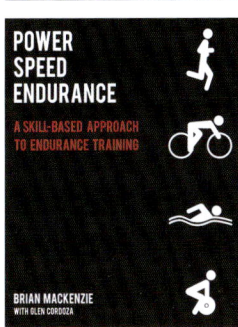

書籍

《靈活如豹：掌握動作技巧、提升運動表現、預防傷痛的終極指南》（大家出版，2018），凱利・史達雷與格倫・科多扎著。這是我的第一本書，榮登《紐約時報》暢銷書排行榜。此書全面探討適用於各種類型、身形與體型運動員的動作模式與活動度系統。書中深入剖析《跑者身體調校指南》使用的核心概念。

Power, Speed, Endurance: A Skill-Based Approach to Endurance Training（Victory Belt 出版社，2012），布萊恩・麥肯錫與格倫・科多扎著。這本書完整闡述麥肯錫對於動作、跑步、騎自行車與游泳的訓練理念。

Free+Style: Maximize Sport and Life Performance with Four Basic Movements（Victory Belt 出版社，2014），Carl Paoli 與 Anthony Sherbondy 著。在這本《紐約時報》暢銷書裡，明星教練 Carl Paoli 提供一套完整指南，幫助讀者培養動作控制的能力。

《天生就會跑》（王亦穹譯，木馬文化，2024），麥杜格著。你可能讀過，畢竟這本書已經暢銷很長時間。但如果你還沒讀過的話，不妨找來看看！本書主要探討塔拉烏馬拉人（也就是原文副書名提到的超馬運動員）精通長跑的原因，進而延伸出一系列關於跑鞋真相、營養、全方位能力重要性的探討，並揭露跑步力學如此關鍵的原因。

《為什麼我們這樣生活，那樣工作？》（鍾玉玨、許恬寧譯，大塊文化，2012），查爾斯・杜希格（Charles Duhigg）著。杜希格檢視日常習慣、觸發因素、反應的神經動力學機制。換言之，習慣是如何養成、戒掉與改變的？這位《紐約時報》記者教導讀者如何以更好、更健康的行為模式來取代不良的生活習慣。你想做出更好的決定嗎？習慣就是促使你改變的方法。

《運動基因：頂尖運動表現背後的科學》（畢馨云譯，行路，2020），大衛・艾普斯坦（David Epstein）著。本書探索運動員如何想盡方法發揮運動天賦，內容非常精彩。

《從叢林到文明，人類身體的演化和疾病的產生》（郭騰傑譯，商周出版，2022），李伯曼著。這位知名的演化生物學家闡述極具說服力的科學真相，顯示人類速度雖比不上許多哺乳類動物，卻能演化成為地球上最厲害的長跑選手。

Unbreakable Runner（Velo Press出版社，2014），布萊恩・麥肯錫與T. J. 墨菲著。本書提供從5公里到超馬的訓練計劃，使用的是CrossFit Endurance創辦人麥肯錫提倡的低跑量結合技巧、力量與耐力的方法。

網站

CrossFitEndurance.com：你可以在這個網站找到如何將動作力學、肌力訓練與跑步整合為一套方法的答案。這裡的資訊豐富且實用，特別適合正過渡至技巧導向計劃的人（編按：網址已失效，可至網站時光機 Wayback Machine 搜尋存檔）。

MobilityWOD.com：提供數百部影片，幾乎每天都會上傳一支新影片。MWOD 網站已成為運動界解決表現相關問題與激發新想法的重要平台（譯按：已轉型為 https://thereadystate.com/）。

PoseMethod.com：羅曼諾夫博士成立的網站。他是講解與傳授跑步力學的先驅，也是姿勢跑法的創始人。

RogueFitness.com：販賣各式訓練器材的網路商店。如果你想升級居家健身房、添購活動度設備，來這裡就對了。

YogaTuneUp.com：筋膜專家米勒創立的網站。該平台提供豐富的資訊、訓練器材與影音產品。

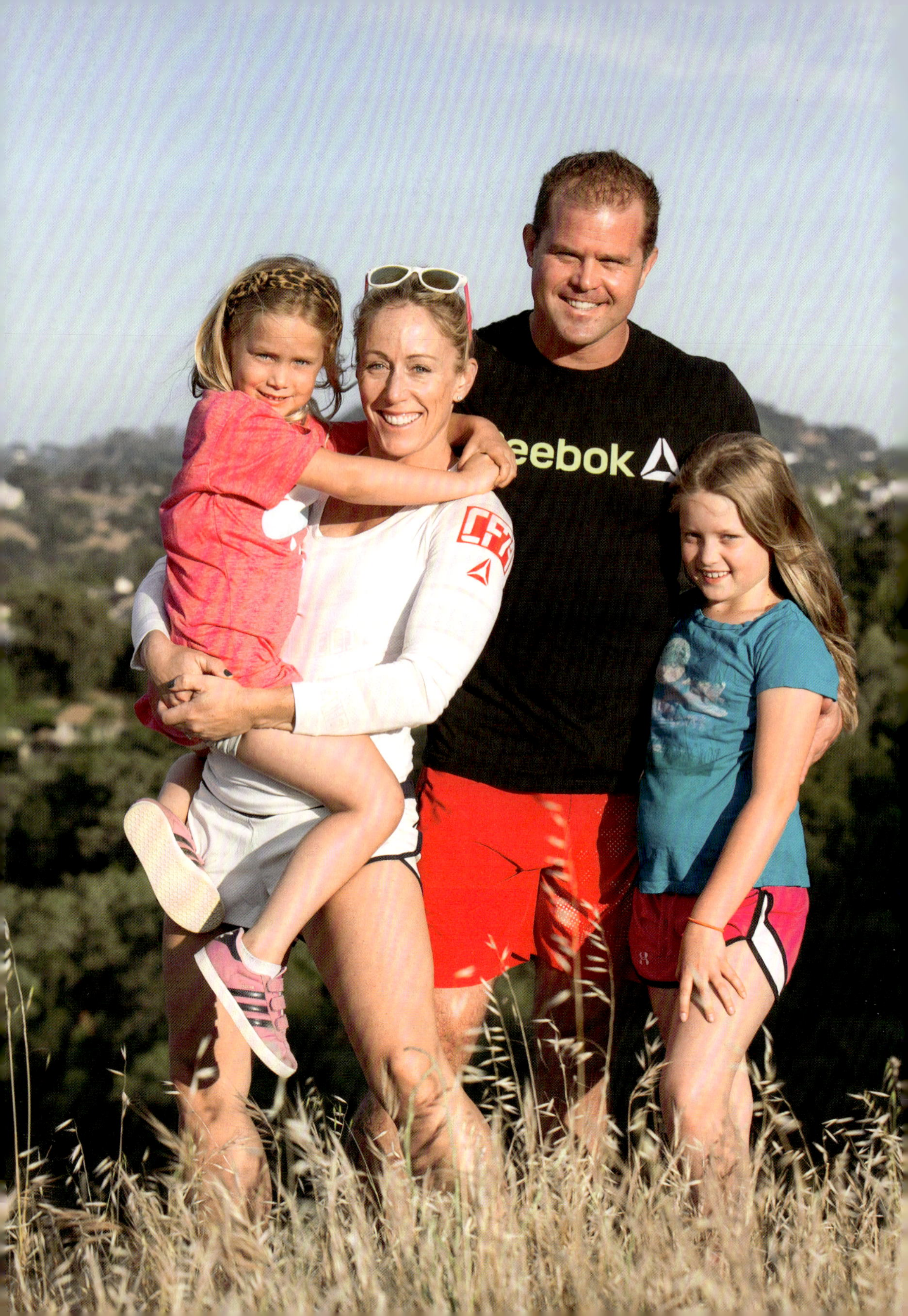

關於作者

　　凱利‧史達雷，物理治療學博士，也是健身教學網站 MobilityWOD.com 創辦人。身為肌力與體能教練、物理治療師，名字卻和 Marc Andreessen、Kevin Kelly、麥爾坎‧葛拉威爾、艾倫‧狄波頓等新創企業巨擘、科技巨人、超級暢銷作家並列。他改革了教練、運動員與一般人的健身方法，更從人體動作型態、力矩及活動度、激發運動潛能等各種角度來探討運動表現，以推動知識革新而成為全球話題人物。

　　他與妻子茱麗葉‧史達雷攜手創辦了舊金山 CrossFit 健身公司以及 MobilityWOD.com 網站，後轉型為 The Ready State 網站，與數以百萬計的全球運動員及教練交流動作、力學與活動度的經驗及知識。他也在世界各地舉辦「動作與活動度課程」（Movement & Mobility Course），授課對象包括菁英軍隊與所有軍種、NFL 美式足球聯盟、NBA 美國國家籃球協會、NHL 北美冰球聯盟及 MLB 美國職業棒球大聯盟，以及排名數一數二的舉重與力量選手。他還擔任奧運隊與大學的顧問，也經常在全球各地的醫學會議上擔任肌力體能訓練專題講師。

跑者身體調校指南：
跑前十二項系統篩檢矯正，讓你發揮身體這部神奇機器的全部潛力

Ready to Run：Unlocking Your Potential to Run Naturally

作者	凱利・史達雷（Kelly Starrett）、T. J. 墨菲（T. J. Murphy）
譯者	鄭勝得
全書設計	林宜賢
責任編輯	賴書亞
行銷企劃	洪靖宜
總編輯	賴淑玲
出版	大家出版／遠足文化事業股份有限公司
發行	遠足文化事業股份有限公司（讀書共和國出版集團）
地址	231 新北市新店區民權路 108-2 號 9 樓
客服專線	0800-221-029
傳真	02-2218-8057
郵撥帳號	19504465
戶名	遠足文化事業股份有限公司
法律顧問	華洋國際專利商標事務所 蘇文生律師
定價	600 元
初版一刷	2025 年 6 月

有著作權・侵犯必究

本書僅代表作者言論，不代表本公司／出版集團之立場與意見
本書如有缺頁、破損、裝訂錯誤，請寄回更換

copyright © 2014 Kelly Starrett and T.J. Murphy
Published by arrangement with Victory Belt Publishing Inc.
through Andrew Nurnberg Associates International Limited

跑者身體調校指南：跑前十二項系統篩檢矯正，讓你發揮身體這部神奇機器的全部潛力／凱利.史達雷 (Kelly Starrett), T. J. 墨菲 (T. J. Murphy) 作；鄭勝得譯 .-- 初版 .-- 新北市：大家出版，遠足文化事業股份有限公司, 2025.06
　面；　公分
譯自：Ready to run : unlocking your potential to run naturally.
ISBN 978-626-7561-52-2(平裝)

1.CST: 賽跑 2.CST: 運動訓練

528.946

114004969